성산리에는
시와 행복이 있다
그 여섯 번째 이야기

지금 어디

여는 글

몇 개의 생각과

몇 개의 말로

세상을 이겨내 보겠다고

길을 나섰지만

세상은 그렇게 호락호락하지 않았어.

너덜너덜해서 집으로 돌아온 그 가을날.

뒤늦게 꽃을 피우던 박꽃 아래서

흐느껴 울던 그 밤.

나도 박꽃이 되기로 했어

누구 하나 보아주지 않아도 좋은

그 어두운 밤을 골라서라도

홀로 피어있음으로 웃을 수 있는

그런 꽃이 되기로 했어.

간혹 함께 웃어주는 별이 있다면

그건 더할 나위 없는 행복이고.

사랑아,

행복아,

지금 어디?

목 차

경배 _8

오늘도 _10

우리 _12

봄날이 간다 _14

윤사월 스무날 _16

꽃님이 _18

봄, 눈이 오다 _20

가난한 오후 _22

중산리 이팝나무 꽃피었다 _24

보리피리 _26

부끄러움 _28

신기루 _30

봄이 외롭거든 _32

봄, 때로는 눈물이다 _34

꽃에게, 나에게 _36

매화 피거든 _38

아침이면 꽃 피었네 _40

슬픈 일 _42

꽃 지고 나니 _44

첫날밤 신부에게 _46

눈물 _48

악몽 속 그대 _50

할미꽃 _52

말해줘 _54

그릇 탓 _56

이별하기 _58
비를 기다리며 _60
걱정 _62
때로는 우는 것도 사랑이야 _64
고추를 닦는 일 _66
그 섬에는 _68
때론 장미도 외롭습니다 _70
한낮 달팽이 울다 _72
꽃이 되어서도 _74
별을 따라 나서는 일 _76
상사화 _78
꿈 _80
밤마다 하늘에 올라 _82
새야 새야 _84
엄니의 꽃밭 _86
가을 초입에서 _88
시인과 풀꽃 _90
바람과 꽃 _92
고향집 접시꽃 _94
한가위라 달 밝은데 _96
하늘엔 구름 가고 _98
달리기 _100
그대 사랑은 안녕하신가 _102
이 가을엔 _104
여유 _106
나비 울다 _108
가을 이별 _110

아버지의 구절초 _112
단풍 _114
앞산 단풍 들었네 _116
만추유감 _118
탓 _120
꿈꾸는 사내 _122
가을에도 바람은 분다 _124
타령 _126
꽃은 질 때를 아나니 _128
달래기 _130
찬양 _132
달맞이 꽃 _134
달하나 걸다 _136
산다는 일을 _138
직녀에게 _140
무밭에서 _142
동지로 가는 길목에서 _144
사랑은 _146
저녁놀 _148
생일 유감 _150
사랑이야 _152
입동 _154
동백꽃 앞에서 _156
봄은 또 온단다 _158
딸의 눈물 _160
동백꽃 피었다 _162
겨울비 _164

겨울허수아비 _166
겨울 아침 _168
이상한 겨울 _170
안녕하신가 그대 사랑 _172
그림자, 그림자 _174
아이 _176
동지 밤 _178
이 첨지 _180
망각 _182
아직도 길을 몰라 _184
떠나는 자리 _186
또 하루 _188
달과 아내 _190
쓰러져 웃다 _192
옛날에는 말이다 _194
나이 값 _196
어머니의 감나무 _198
순이야 술 한잔하자 _200
빈소에서 _202
거울 속 _204
내게 인사하기 _206
눈사람이 된 석환씨 _208
비 그치자 달이 보였다 _210
징검다리 _212
아비의 불 _214
내 늘그막에는 _216
봄비에 죽비 날아드네 _218

경배

멈춰라

지금은 봄이 오고 있다.

쉿 조용히 하라

지금은 꽃이 피고 있다.

굳이 예의를 갖출 필요는 없다.

잠시 그 자리에 그렇게

서있기만 하라.

오늘도

꽃이 피었다.

나비가 찾아들었다.

그대의 무심함이 그 둘을 보지 못했다.

꽃이 졌다.

나비가 떠났다.

여전히 그대는 보지 못했다.

그대 무엇으로 사는가?

우리

바람처럼 외로운 사내만이

사랑을 꿈꾼단다.

제 그림자 하나 갖지 못한 여인만이

사랑을 시작한단다.

밤새 울던 저 소쩍새도 외로워서

그렇게 사랑을 찾는 거란다.

이미 외로울 만큼 외로운

너와 나는

이제 바람을 놓아두고

제 그림자도 놓아두고

저 풀들과 새들의

외로운 노래도 놓아두고

이리 오너라

어화둥둥 한바탕 어울려보자.

봄날이 간다

바라보자 너는

이내 꽃이 되었다.

얼마나 외로웠던 것이기에

단 한 번의 눈 맞춤으로

그리 꽃으로 생겨나던 것이냐

몇 날을

몇 해를 바라보아도

꿈적도 하지 않는 우리 순이는

바위이기라도 하더란 말이냐

아님 애초에 형체도 없던

바람이라도 되더냐.

애꿎은 생각에 또 하나의 봄이 간다.

윤사월 스무날

동이 터 오르자

소쩍새가 울기 시작했다.

그 뒤를 뻐꾸기 울고

횃대에 앉아 닭이 울었다.

맨 마지막으로

종지에 쌀을 담아 내오시던

내 어머니가 울었다.

윤사월은

꽃이 지천으로 피는 윤사월은

그렇게 울음도 지천으로 피어났다.

꽃님이

꽃으로만 살아가라고

겨울도 없이 봄으로만 살라고

꽃님아

꽃님아 불렀는데

꽃의 흔적도 없이

그 겨울 눈 속에 앉아 떨기만 하더니

기어이 너는

봄을 보지도 못하고 떠났구나

그 예쁜 크레용을 꺼내

찔레꽃에 색칠 한번 해보지 못하고

어미 가슴에만

꽃님이로 남은 채

꽃님아

꽃님아

봄에는 모두들 꽃처럼 웃어야 하는데 그 꽃을 두고 떠나버린 사람들도 있다. 그래서 꽃은 남은 사람들의 가슴에 피멍으로 남기도 한다.

겨우내 앓다 봄을 보지도 못하고 떠난 자식을 생각하는 마음은 봄이 보이지 않는다. 그 독하게 가슴을 파고드는 찔레 향마저 남의 일이다.

이제는 잊어야 한다지만 어디 그게 잊을 수 있는 일이던가?

내 일이 아니라고 웃어라, 웃어라 하는 바람도 밉지만 그렇게 떠나보내야 했던 어미의 자리가 더 야속하기만 하다.

이 봄 가고 나면 이 꽃 지고 나면 다시 웃으며 너의 이름 부를 수 있으려나 하늘을 보는 어미의 마음이 봄이어서 꽃이 만발이어서 더 아프다.

봄, 눈이 오다

겨우내 오지 않던 눈이

입춘이 지나자 내리기 시작했다.

아직도 이 땅이 자기들만의 것이라 믿는

사람들의 잘못을

이제는 바라만 볼 수 없어서

아직 조금쯤의 혜안을 남겨가진 자들에게

울며, 울며 다가서고 있다.

오려던 봄이 침묵하며

지구의 아픈 상처를 핥기 시작했다.

아직도 철들지 않은 사람들은

그냥 멀뚱하다.

입춘이 지나 눈이 오는 일은 허다했다.

간밤에도 입춘 방을 퍼 나르며 봄이라고 들떴던 마음 위로 눈이 왔다.

겨우내 기다렸던 눈이었는데도 반가움보다는 얄미운 마음이 든다.

너무 늦게 온 탓이다.

이제는 겨울을 보내고 봄을 맞으려 했는데 오는 모습이 꼭 심술첨지처럼 보인다.

이런저런 마음을 놓아두고 그냥 눈을 눈으로 보아도 좋으련만 칭찬보다는 탓하기에 이력이 난 마음이 가만있지를 못하는 탓인가 보다.

이제라도 눈을 눈으로 보기로 한다.

눈 위로 앉는 햇살이 다시 봄노래를 하잔다.

가난한 오후

이 봄 지나면
자꾸만 나빠지는 시력 탓에
너를 못 보게 될지도 몰라
아니 그보다 먼저
네 손을 잡는 일을 잊어버릴지도 몰라
곁에 있는 너를 두고
아이처럼 보채며 너를 부를지도 몰라

늙어간다는 것은
가끔은 이런 염려를 불러놓고
눈물을 짓게 만드나봐

아직은 네가 보이고
아직은 네 이름을 부르고
아직은 네 손을 잡을 수 있는데
봄이 가기 전에
더 많이 사랑해 두어야겠어.

딱 그럴 나이에 다다른 것인지도 모르겠다.

마당에 가득 들어선 꽃들을 보러 집에 찾아온 친구들이 세월을 두고 아쉽다는 말을 한다.

며칠 전 비바람에 쓰러진 꽃들의 웃음 속에서 생의 허망함을 보아 버린 것인지도 모른다. 어쩔 것인가. 그 세월 그렇게 혼자 열심히 찾아왔던 것을.

아쉽다 말하기에는 꽃들이 너무 아름답다고 그냥 꽃만 보며 가면 안 되겠느냐고 말을 돌려 보지만 자꾸만 낡아가는 몸에 꽃들이 크게 위안이 되어주지 않는 모양이다. 하지만 이 봄을 바라보며 웃지 않는다면 우리는 영원히 웃지 못할지도 모른다.

아직은 우리 앞에 미소를 띠고 안아달라고 다가서는 오늘이 있지 않은가? 아직 오지 않은 걷지 못할 날들을 염려하기에는 이 봄날의 꽃들이 너무 아름답지 아니한가?

더 이상 무엇이 되려 하는 것보다는 이미 그대가 이루어 놓은 그 나이를 보며 한번 웃어주는 일을 해보자. 웃으며 안으면 그 녀석 참 애썼다는 생각에 등이라도 두드려주고 싶은 생각이 들지도 모르는 일.

봄이다.

꽃이 지천이다.

이젠 갖지 못한 아쉬움보다는 앞에 놓인 꽃들을 보며 함께 웃어볼 일이다.

중산리 이팝나무 꽃피었다

가난이 무서워 봇짐을 싸들고
보릿고개를 넘어 도시로 간 내 아버지
마음에 가난 들어
평생을 웃음 한번 크게 웃지 못하고
사랑한다는 말 한번 소리 내어 하지 못하고
일을 좇아,
돈을 따라,
줄에 걸린 꼭두각시로
세상에 묻히고 말더라.

돌아온 고향의 낮은 언덕배기에 누워
지난 세월이 야속해
철지난 유행가라도 부르려하지만
이제는 이 세상 사람이 아니라고
함부로 부르지 말라 바람이 막고 나선다.

> 예나 지금이나
> 중산리 이팝나무 홀로 배불러 있고
> 그 아버지의 아들도 지금 그렇게
> 마음이 먼저 가난해져
> 사랑한다는 말도
> 행복이란 말도 모두 벗어두고
> 아무짝에도 쓸모없는 세상 잡것을 좇아
> 꼭두각시 춤을 추고 있더라.

올해도 풍년이 들 거라고 중산리 이팝나무는 눈부시게 꽃을 피어냈다.

그 배부른 이팝나무 앞에 서서도 여전히 배가 고픈 우리들. 대체 얼마나 가져야 웃을 수 있으려나. 그 기준은 아무래도 남보다 더 많이 가져야만 하나보다.

세상의 풍진을 가득 머금은 돈을 좇느라 또는 아슬아슬한 높은 자리를 찾아 오르느라 마음마저 일찌감치 물리쳐놓고 살아가는 오늘 과연 그대가 사랑을 이야기하고 행복을 이야기할 수 있을까?

이제 다시 사람의 자리로 돌아와 함께 손잡고 헐벗은 것을 부끄러워하지 않고 함께 나누며 사랑도 이야기하고 행복도 이야기하며 살아갈 수는 없을까?

이 땅에는 언제나 배부르게 살게 하겠다고 말하는 정치인이 아니라 사랑도 하며 행복도 함께 맛보며 살게 해 주겠다는 정치인이 나설까?

아참 그들이 우리를 행복하게 할 수는 없는 일이지 우리의 행복은 우리가 찾아 나서야 하는 것이지.

모든 것 벗어두고 단 하루라도 사랑과 행복 속에 머무르는 그런 날이 되기를 바란다.

보리피리

.

.

.

.

.

이제는 아무도 보리피리를 만들지 않았다.

이제는 아무도 보리피리를 불지 않았다.

한때는

너와 내가

그리고 우리가

얼마나 많은 춤을 추었던가

종달새 나는 하늘을 보며

어설픈 그 곡조 하나에

세상 참 많이 달라졌다는 말들을 나이가 들면 자연스레 하게 되나 보다.

그래 세상 참 많이 달라졌다.

보리피리 하나만 가져도, 그 단조로운 음 하나만 가져도 신났던 하교 길. 그러나 지금은 어딜 둘러보아도 그리 맑은 신바람을 찾을 수 없다.

세월이 너무 많이 지나고 나면 나를 보던 눈이 침침해지고 다른 사람들을 더 열심히 보게 되나 보다. 그렇게 보고 있노라면 자연스레 비교를 하게 되기도 하나 보다. 그러다 하는 말 '참 옛날이 좋았어.'

옛날이 없는 아이들에게는 어느 날이 좋은 것일까?

설마 죽어라 어른들의 손에 이끌리어 학원을 순례하는 오늘이 좋은 걸까?

부끄러움

우리는 저

견우와 직녀보다도

못난 것이었더냐

사랑을 두고도

아직도 작은 도랑 하나를

건너지 못하고 있으니

무심한 바람만 탓하며

어느 날인가는 꽃비라도 내려

그 도랑이 메워지기만을 바라고 있으니

아 못난 일이다

우리는

봄이 많이 익었다.

매화는 벌써 벌들에 의해 성숙할 대로 성숙해졌다.

봄날의 초입에서 얼었다 녹았다 하던 마음도 이제는 봄바람의 눈속임에서 돌아와 진정이 되어가고 있다.

봄의 미각을 위하여 쑥을 뜯기 시작한다. 이미 마나님을 위해서는 두 차례나 쑥국을 끓였지만 할머니들을 위해서는 아직 끓여드리지 못한 미안함에 이른 아침부터 쑥을 찾아 나섰다.

이제는 걷는 것마저 힘들어하시니 지천으로 쑥이 키를 키우고 있어도 생각뿐임을 잘 알고 있었는데 차일피일 미루다 늦어지고 말았다.

이렇게 나서면 되는 일을 그저 미안한 마음만을 앞세우고 있었으니.

사는 일에도, 사랑하는 일에도, 그렇게 미루어두고 그저 하늘을 바라만 보고 지나는 일이 있었다면 이제라도 나설 일이다.

신기루

그것은 물구나무 서있는

야자나무 같은 것이야.

네가 맨발로도 다가갈 수 있는

뜨겁지도 목마르지도 않는 사막에서

네 작은 여인의 손을 잡고

별들로 목을 축이는 그런

그래 가끔은 꿈속에서나 만나지는

낯설지만 행복한 그런 일이야.

요즘은 미세먼지 탓에 달을 보는 일도 귀한 일이 되고 만 느낌이다.

봄바람 매화 향을 나르는 봄날의 달을 보고 있노라면 나도 몰래 솟구치던 그 열정들마저 미세먼지 속에 갇혀 보일락 말락 이 봄에는 멀어져 가는 느낌이다.

언젠가는 이 일들에서 벗어나 다시 봄바람 속에서 달을 안고 서서 매화 향에 가슴 먹먹해질까 생각을 해보다 아직은 남은 바람과 아직은 나에게 서슴없이 다가오는 매화 향만으로도 행복해지기로 작정을 하고 마당으로 나선다.

그래 이 봄도 잊지 않고 울어주는 휘파람새도 찾아왔구나.

잠시 미세먼지로 어지럽혀진 봄을 다시 안는다.

지난 주말 강천사 입구에서 보았던 버들가지는 여전히 행복한 웃음 머금고 있으리라.

봄이 외롭거든

가끔은 울어도 좋아

달이 밝은 밤이어도 좋아

그 달빛 아래로 매화꽃 흩날리는

그런 밤이라면 더 좋아

그렇게 한 바탕 울고 나서

바람에게 더 이상

네 안부를 묻지 않아도 된다면

기러기 떠나던 그 겨울밤을

잊을 수만 있다면

가끔은 울어도 좋아

가끔은 울어도 좋아

봄에 오는 외로움은 더 절망적이라고 말을 하던 친구가 있었다. 지금도 그렇게 봄이 절망적인지 묻지는 않았지만 더 이상 내게 전화를 걸어 하소연을 늘어놓지 않는 것이 이제는 그 외로움마저 무디어져 버린 일인지도 모르겠다.

외롭거든 외롭다 말을 하자. 어디 외롭다는 것이 부끄러움이던가?

내일은 새봄처럼 가슴 설레는 만남이 있는 날이다. 이제 예순의 중반에 들어선 나이지만 언제나 소년 소녀들처럼 어린 시절의 친구들을 만난다는 것은 두근거림이다.

지난 겨우내 묻어 두었던 잘 익은 군고구마 같은 단맛 나는 이야기들을 준비하고 웃어보자.

함께 그 어린 날의 웃음 속으로 들어서노라면 그대의 외로움이 웃음으로 변하지 않겠는가? 이제 우리가 이렇게 얼굴을 대하고 아이처럼 웃을 날이 또 얼마나 남아있겠는가?

어때 이제 함께 웃노라면 외로움도 눈물도 더 이상 우리들 것이 아니겠지?

봄, 때로는 눈물이다

봄이 온다기에 마중을 나선다.

겨우내 입었던 옷은 벗지 못하고

헝클어진 머리 그대로

봄바람에 이끌려

어디쯤이었을까

마을을 벗어나기나 했을까

봄바람 여전히 앞서는데

가던 길을 멈추고 만다.

참 많이도 걸었는데

참 많이도 살아왔는데

여전히 낯설기만 하다

길이,

내가,

봄바람 이리 드센 날에는

꼭 눈물이 나고 만다.

아직도 몰라

내 살아가는 일을 몰라.

한밤 길을 걷는다. 며칠 전 걷던 길이 아니다. 이제 느릿느릿 걸어도 추위를 느끼지 않아도 된다. 그렇게 봄은 어느새 와있었던 것이다.

소나무 위로 얼굴을 내미는 별을 보기는 하는데 봄 소리는 듣지 못한다. 소나무 아래 매화는 꽃의 여민 속을 내보이느라 톡톡 거리고 있는데도 그 소리마저 듣지를 못한다.

낮에 있었던 시빗거리 하나가 내 귀를 먹게 한 모양이다. 이제는 모두 놓아두고 시비를 벗어나 걸을 수 있으려니 생각했는데 여전히 그 자리에 서 있다.

가끔은 나도 그렇게 내 멋대로 해석을 하고 내 멋대로 단정을 짓고 간섭을 하고도 나서던 것을 남에게서 간섭을 듣노라면 마음이 편치 못하다.

아직 멀었다. 제법 시시비비를 떠나 날 수 있으리라 생각했는데 내가 가진 것은 날개가 아니었던 모양이다.

꽃에게, 나에게

꽃아,

꽃아,

가여운 꽃아

내가 부르자

꽃 또한 나를 가엽다 불렀다.

그래 우리는 이 땅에

서로 가여운 것들이 아니었더냐.

더 이상은 가엽다 하지말자

더 이상은 외롭다 하지도 말자.

꽃아,

꽃아,

사랑스런 꽃아

그 긴 겨울을 견뎌내고 봄을 향하여 움트기 시작하는 새싹들을 보자 내 마음의 저 어디쯤 잠자고 있던 꽃들이 피어나기 시작했다.

이제는 늦었다고 꽃 피우기에는 늦었다고 그렇게 눈을 감아버리던 그 겨울이 아니다. 이젠 봄이기에.

그대는 지금 무슨 꽃을 준비하고 있는가?

이제는 너와 내가 서로 등을 돌리고 피는 꽃들이 아니라 달라도 서로 마주하고 웃어주는 그런 꽃으로 피어나길 바라본다.

너와 나 그렇게 모여 함께 살아가야 하지 않더냐. 우리라는 이름으로.

매화 피거든

사랑아

너는 무얼 하고 있더란 말이냐

밤이 이리 깊은데

바람 이리 부는데

돌고 돌다

굽은 매화 가지에

꽃피는 소리 들리거든

내게로 오라

그리운 사람 놓아두고

너 홀로라도 오너라.

어두워지기를 기다렸다 김 한 톳을 들고 집을 나선다. 동창회에서 선물로 챙겨준 김이다.

이번 겨울에도 어김없이 된장하고 고추장을 챙겨주신 효종 어머니에게 드릴 심산이다. 생각 같아서는 멋진 선물이라도 마련해 드리고 싶지만, 한사코 손사래를 치시고는 하셔서 답례도 해드리지 못했는데 김이면 가볍게 받아주시겠지 하는 생각에서다.

몸이 불편하신 아저씨의 설맞이를 위해서 해리에서 출장 온 이발사가 이발을 끝내고 난 후여서 방 청소를 하시다 말고 반갑게 맞아 주시다 손에 들린 김을 보고 역시 나무라신다. 당신께서는 이것저것 다 챙겨주시면서 내가 들고 온 것은 무조건 나무람이다.

후배 이발사와 함께 차를 마시고 나오는 나를 이번에는 효종이가 불러 세운다. 진즉 드렸어야 했는데 늦었다며 쌀 한 자루를 꺼내온다. 감사함보다는 민망해진다. 달아나려는 나를 이번에는 아주머니께서 막아서신다.

쌀자루를 메고 돌아오는 길, 발소리를 따라 한없이 큰 울림이 가슴을 적셔온다. 쌀자루의 무게만큼 큰 이웃의 사랑이 있어서 성산리에서 맞는 겨울은 언제나 따듯했나 보다. 아들이 오면 자랑할 일이 또 하나 늘었다.

아침이면 꽃 피었네

새벽이면 바람 불어와
어제 일로 곤한 잠을 흔들어 깨웁니다.
그 바람이란 것이
꿈길을 건너온 서해의 파도들이
뭍으로 올라선 것이려니
그저 그렇게 여기고만 있었습니다.

오늘에야
아침이 오기도 전
서둘러 화단의 꽃들을 깨워
그대의 미소를 담아놓고 간 다음에야
그 바람이
그대였음을 알았습니다.

그렇게 지나고 난 다음에야
그대였음을 알 수 있었습니다.

누군가 사는 것이 기적이라고 했다. 이 말을 듣고 나서 나는 산다는 것이 참으로 소중하다는 생각에 나를 가만 안아주기로 했다.

그 젊은 날 이 말을 만났더라면 그렇게 많이 절망하고 그렇게 많이 울지는 않아도 되었으리란 생각을 해보기도 했다.

젊은 날의 절망과 아픔은 대부분 사랑에 기인하는 것이었다. 다가가면 다가갈수록 멀어져 가는 그 사랑 때문에 얼마나 많이 아팠던가?

이제는 그런 사랑의 기억마저도 희미해지기 시작하는 시간 뒤늦게 사랑 또한 그렇게 갈망한다고 되는 것이 아님을 어렴풋이 깨닫게 된다. 사랑이란 놈도 하나의 생명체 같아서 때로는 기적처럼 그렇게 한순간에 다가오기도 하던 것을 지나치고 말았다는 생각이 드는 것이다.

행복 또한 그런다고 하지 않던가? 매일 아침 그대의 문 앞에서 그대를 향해 미소 짓고 있다고 하지 않던가? 다만 그대의 머릿속에 그려진 행복의 모습과 달라 그대가 거들떠보지 않기에 존재하지 않는 것처럼 보일 뿐이라 하지 않던가?

어쩌면 행복은 우리의 끝없는 갈망에 가려져 문 앞이 아니라 이미 내 안에 들어서 있는데도 보지 못하고 있는 것인지 모른다. 더 열심히 나를 안아주면 빙그레 웃고 나설지도 모른다. 사랑까지도.

비 오는 이 아침 젖은 나를 안아본다.

슬픈 일

꽃이 그대 앞에 오기 전의 일로

마음 뒤척이느라

오늘도

그대 앞에 찾아선 꽃을 보지 못한다.

슬픈 일이다.

가끔씩 그대가 아파하는 일은

이미 지나버린 것을 두고

꽃 지고 나니

그대 마주하고

화전놀이 한번 해보자고

벼루기를 여러 해

게으름을 탓하다

진달래를 마당가에 심어놓고

또 몇 해

이 봄도

꽃이 지고 난 뒤에야

꽃을 보았으니

어이 할꼬

어이 할꼬

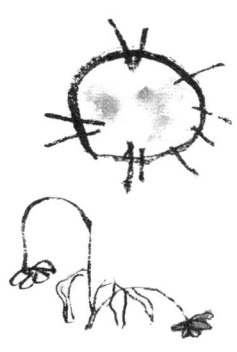

첫날밤 신부에게

몇 개의 산을 넘어 찾아왔다고

낯설어하지 마

이곳은 이미 천년도 더 된 어느 날

너는 선녀로

나는 나무꾼으로 만나

사랑을 꿈꾸던 곳이야.

그 사랑 오래가지 못하고

네가 다시 하늘로 돌아가고 말았지만

이젠 나도 많이 참는 법을 배웠어

이제 네가 다시 하늘로 떠나는 일은 없을 거야

천 년 전보다 내 사랑이 더 깊어졌거든.

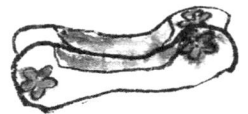

눈물

앞산 뻐꾸기 울자

뒷산 뻐꾸기 따라 운다.

너희들은 날개를 가지고도

왜 하나 되지 못하고

그리 앞산 뒷산에서

울고만 있더냐.

너희들 눈물에 오늘도

하늘이 젖겠구나.

악몽 속 그대

꽃이 피었다.

새가 노래했다.

긴 장마에서 벗어난

하늘이 함께 웃었다.

간밤 악몽에서 깨어나지 못한

그대만이 아직도

울고 있다.

할미꽃

자식의 자리는

부모를 묻고 나면

끝나는 것이지만

부모의 자리는

죽어서도 떠나지 못하고

서성이고 있는 게야.

이른 아침

할미꽃 저리 고개 숙이며

피어나는 것을 보면

할미꽃.

그 이름 탓일까? 아니면 유독 산소에 많이 피어나기 때문일까? 언제나 그 꽃을 보면 아니 그 이름만 들어도 가슴 한끝이 아려오는 것은.

내 어머니가 계시던 날에는 잠시 할머니 생각에 머물고 말았지만, 어머니가 떠나시고 나서부터는 그 꽃이 어미 꽃 이기라도 한양 한참을 그 앞에 머물러 나직이 어머니를 불러보고는 했다.

추위가 채 가시기도 전에 서둘러 피어난 그 꽃을 보다 자식의 자리와 부모의 자리를 생각해본다. 내리사랑이라는 편한 말로 우리는 아무런 주저없이 부모가 떠나고 말면 이내 돌아서 자식들을 챙기기에 바빠진다. 나 또한 한 해, 두 해 어머니에게서 멀어지기 시작하더니 이제는 아주 이별을 고한 양 생각하는 일마저 가끔일 뿐이다.

어쩌면 죽어서도 자식들 곁을 떠날 수 없어 저리 숙연한 모습으로 피어 다가오지도 못할 먼발치에서 우리를 보고 계시는 것은 아닌가 하는 생각에 다시 할미꽃은 나에게 아픔이다.

말해줘

쉰두 살의 생일을 맞은 아들에게 맛난 거 사 먹으라고 고추 판 돈을 부치고 농협을 나서는 여든세 살의 할머니를 맞는 햇살은 어떤 햇살이었을까?

그 용돈을 받아든 아들에게는 또 어떤 햇살이었을까?

할머니의 어깨너머로 나의 궁금증이 먼저 목이 메고 말아.

내게 말해줘

너 또한 그 햇살을 바라볼 수 있어서 아직은 살만하다고.

고추를 팔아 아들에게 용돈을 부치고 농협 문을 나서는 할머니는 아들에게서 용돈을 받았을 때보다 더 신이 나 있었다.

올해는 가뭄 탓에 고춧값이 하늘 무서운 줄 모르고 뛰어 뙤약볕 아래서 고추를 따는 일이 그리 고된 줄도 몰랐는데 때맞춰 팔린 고추 때문에 아들에게 생일 축하 용돈을 부칠 수 있었으니 여간 신나는 게 아니다.

집으로 가는 버스를 기다리는 할머니의 신난 마음 한구석에 아침에 고추 장사에게 판 희아리가 마음에 걸려 버스가 나타날 길로 서둘러 시선을 둔다.

불과 대엿새 전에만 해도 한 근에 오백 원 하던 게 오늘 아침에는 오천 원을 주고 넘겼으니 웃어야 할 일인데 그 병든 고추들이 어디로 갈 것인가에 생각이 미치자 자꾸만 몹쓸 짓을 하다 들킨 마음마냥 부끄러움이 마음 한켠을 차지하고 나서는 것이다.

앞집의 젊은이가 희아리를 팔아 놓고 농부의 힘으로는 안 되니 희아리 유통금지법이라도 만들어 단속해주어야 되지 않을까 싶다는 자조 섞인 말을 하던 생각이 나서 더 심사를 혼란스럽게 한다.

버스가 도착하자 할머니는 심란한 마음은 정류장 의자에 내려놓고 다시 함박웃음을 짓는 아들의 얼굴만 데리고 차에 오른다.

그릇 탓

그릇이 작으면

적게 담아도

가득 차게 되는 일을

나는 내 그릇이 작다고 투정을 부리느라

여직 빈 채로구나

애꿎은 하늘이나 보며

아직 비는 멀었다.

설사 채우지 않은들 어떠랴. 그 하늘 그대로이고 그 바람 그대로인데 아직도 빈 주머니 걱정에 길을 나서지 못하고 있구나.

젊은 날에는 주머니에 넉넉한 노잣돈이 있어야만 자유를 찾아 길을 나설 수 있으려니 하는 생각에 앞도 보지 않고 일에만 처박혀있기도 했다. 그러나 세월 지나 이제는 보지 않아도 그 끝이 가늠되는 나이, 조금씩 무엇이 사는 데 중요한지 짐작되기도 한다.

이제라도 빈 그릇 걱정 놓아두고 산다는 것의 가운데를 유영하고 싶다. 모든 것 다 벗어두고 오직 살아있다는 것 하나만으로.

언제쯤 우리는 우리를 놓아두고 저 바람 끝에서 자유롭게 춤을 출 수 있을까?

마당에 옮겨 심은 국화들을 위해 비를 기다리는 마음은 또 어떤 것일까?

이별하기

또 하루가 간다.

이리 바람만 가득했던 날
너는 어디에 있을거나
가끔은 궁금해 하지만
찾아 나서지는 않기로 했다.

너를 따라 떠난 날들이
결코 되돌아오지 아니하듯
사랑 또한 이미 지난 것은
사랑이 아니었기에

그래도 아파해야하는
이 부질없음마저 어쩌지는 못하고
지는 노을 속 너의 이름이
다시 바람이 되는 구나

이미 지나버린 일로 가슴 아파하지 않기로 한다. 또 아직 오지 않은 일로도 조바심을 내는 일이 없도록 하기로 한다. 오늘은 오직 오늘로 살아가기로 한다.

어쩌면 잃어버린 것들이 있어 자꾸만 지난 세월을 되돌아보게 되는 일인지도 모른다. 하지만 이미 내게서 떠난 시간 그리고 일들. 그 자리로 또 다른 시간이 내게 오고 또 다른 일들이 내게 오지 않았더냐. 있던 것은 그렇게 내게서 떠나가게 될 일이었던 것이기도 하지 않았더냐.

미리 예견하지 않아도 올 것은 또 올 것이고 또 그렇게 오는 일로 또 살아가는 것이 우리네 삶이 될 것인 것을 미리 내 삶의 틀을 정하고 왈가왈부할 일 또한 아니지 않더냐.

이제는 잊기로 한다.

이미 나를 떠난 사랑마저.

가끔은 돌아보는 일이 아름답기도 하지만.

비를 기다리며

아무리 가뭄이 깊다 해도
새들은 노래를 멈추지 않아
내일이 있는 까닭이야
두 날개깃을 적셔줄 비가
꼭 와주리라는 희망을 간직하고
날 수 있는 때문이야.

삼 년 가뭄에
눈가마저 짓무르신다했던 내 어머니도
산비탈 밭둑에 앉아
무섭도록 푸른 하늘을 보며
그나마 치성을 드릴 수 있어
새끼들의 배고픔을 다독일 수 있다 하셨어.

그래 나도 다시 일어설 거야

그리고 새들처럼 노래하고

내 어머니처럼 하늘을 볼 거야

언젠가는 내 날개까지 적셔줄

그 비를 기다리며.

가뭄은 여전하다. 먼데 비 내렸다는 소리에 더 목이 마르다.

더위 또한 여전하다. 그러나 오늘 새벽에는 이불을 찾을 만큼 선선한 바람이 창안으로 찾아들었다.

그래 이제 또 그렇게 뜨거운 여름은 가고 말 것이다. 우리의 청춘이 그렇게 지나갔듯이.

덥다고 사는 일을 그만두는 일은 없을 것이다. 목마르다고 지레 삶을 포기하는 일도 결코 없을 것이다.

이제 다시 사는 일을 바라보자. 다른 사람이 사는 모양새를 볼일이 아니라 내가 살아가는 모양새를 볼일이다.

그대 이 가뭄 속 여전히 잘살고 있는가?

그대 이 더위 속 여전히 잘살고 계신가?

목마름과 더위에 잊고 지냈던 새소리들이 다시 상사화 위로 앉는다. 나는 오늘도 행복하리라.

걱정

이 더운 날 부처님들은 어디 계실까

명사십리 모랫길을 걸으며

조개껍질에 발바닥 베이는 것도 잊고

나는 부처님 걱정만 하고 있었다.

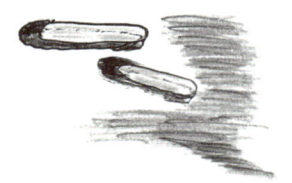

오랜 가뭄 걱정에서 풀려나자 풀벌레 소리 요란하다.

풀벌레들의 노래에 귀 기울이다 보면 찬바람 끝에 매달려오는 가을이 벌써 창문을 두드리고 나서는 것 같아 새벽이면 이불을 당기게 된다.

풀벌레 소리를 놓아두고 떠나가려는 여름 별들의 모습이라도 보아줄 생각으로 어둠 속으로 나서면 제법 한기가 느껴지기도 한다.

그 요란하던 더위는 어디로 간 것일까?

그 더위 속 힘들어하던 시간들은 또 어디로 간 것일까?

가을이 오면 또 어떤 걱정들을 하게 될 것인가?

가을이 가기도 전에 또 겨울을 맞을 걱정을 하게 되겠지.

어떤 날은 신들의 안위를 걱정하고 나서기도 한다. 이래저래 산다는 것은 하지 않아도 될 터무니없는 걱정들을 앞세우고 가야 하는 모양이다.

가뭄 속 비 걱정이 이제는 너무 자주 온다고 걱정이 시작된다.

때로는 우는 것도 사랑이야

그래, 울고 싶은 사람이

어디 너 하나뿐이더냐

이런저런 연유로 다들

해가 지기를 기다려

문을 걸어 잠그고

한 번씩 울어보았단다.

시름없어 보이는 저 꽃들마저

어느 아침에는

눈물을 미처 닦아내지 못하고

피어나기도 하지 않더냐.

때로는 눈물샘이 마르도록

울어주는 것도

너를 사랑하는 일이려니

울어라

울어라

가는 봄날을 염려하지 말고.

밤새 기다렸다는 듯이 먼동이 터오자 뻐꾸기 울음 낭자하다.

무슨 연유인지 그 울음, 내 가슴 한곳에 깊은 멍으로 남는다. 아마도 남의 둥지에 알을 낳고 저리 울고 있으리란 생각이 이 아침 그의 울음을 슬프게 받아들이게 하는 것이리라.

어느 젊은 날인가 나도 그리 울어본 적이 있었다. 사랑 하나로.

이제 눈물마저 마른다는 나이에 가까워진 탓인지 그렇게 울던 날들마저 부끄러움이 아니라 그리움이 되고는 한다.

울어야 하는데 울지 못하는 사람들이 이 땅에는 아직 많이 있다. 모두들 다 다른 사연이지만 아프기는 매한가지 이리라.

이제는 운다는 것이 그리 부끄러움이나 못난 것이 아니니 울고 싶은 날은 한껏 울기도 하며 살아갔으면 좋겠다.

봄날이 간다.

그것 하나만으로도 그대 가슴에 흐르는 눈물.

고추를 닦는 일

고추를 닦는 일은

어쩌면 시를 쓰는 일보다

더 많은 정성을 들여야 하는 일인지도 몰라

이 뜨거운 햇볕 아래

꽃보다 더 붉어 보일 거라고

독하게 익어가는 고추 때문이기도 하지만

시집온 이후

예순 해가 넘도록

염천 하늘 아래 엎디어 고추를 따고 있는

저 안산댁을 생각하면

허투루 시늉만 할 수는 없는 일이여

그 고추에 배인 땀까지 닦아내려면

이제는 내가 땀을 흘려야 하는 일이여

고추를 닦는 일은

8월 하늘이 독하다.

고추밭 이랑에는 소금기가 버석거리는 느낌이다. 그래도 이렇게 무섭도록 햇살이 강해야 고추가 잘 익는 거라고 고추밭을 바라보는 농부의 눈은 그 더위가 싫지만은 않은 기색이다.

고추가 익어가는 8월에는 나도 덩달아 바빠진다. 고추 산지에 살고 있는 덕에 친지와 몇몇 친구들의 부탁을 받고 고춧가루를 만드는 일을 여섯 해째 하고 있다.

아직 고추 가격이 형성이 안 되었다는 데도 나는 서둘러 아랫집의 고추를 가져다 꼬투리를 딴다. 너무도 잘 커 주고 너무도 잘 말라줘서 여섯 해째 보아온 어느 고추보다 더 탐이 나는 까닭이다.

이렇게 내 마음을 앗아가게 농사를 지어준 이웃집 아저씨께는 손사래를 치시겠지만, 고추 가격이 결정되면 시세보다 더 웃돈을 얹어줄 생각이다. 그렇게라도 열심히 농사를 지은 노고를 격려하고 싶다.

이제 하우스에서 햇살을 받으며 말라가는 세물 고추에도 기대를 걸며 이 여름 또 땀 한번 흘려보자.

그 섬에는

저마다의 가슴에 누구나
섬 하나씩은 가지고 있다는 말을 따라
어느 비 내리는 날
나도 그 섬을 찾아 떠났다.

한발 한발 발을 들여놓을 때마다
물은 점점 낮아져 갔다.
깊은 밤에야
물 하나 없는,
조가비의 빛 하나 없는,
그 섬에 다다라
하마터면 외로움으로 울 뻔했다.

이제는 잊었다 했는데
기다림으로 별이라도 된 양
길 밝히고 있는 너를 보고서야
아직도 네가 있어,
아직도 사랑이 있어,
그것이 울지 않아도 되는
내 섬임을 알게 되었다.

이윽고 열여덟에 멈춘 너를 안자
파도를 따라 들어선 물들이
섬을 섬이게 했다.

누군가 내게 말해왔다.
누구나 섬 하나씩 안고 산다는데 그대의 섬은 안녕하시냐고?
나는 알지 못했다. 내 가슴 어디에 섬 하나 있으리란 것을.

작정하고 그 섬을 찾아보기로 했다. 섬으로 가는 길은 모두 지나버리린 시간을 밟고 가야만 했다. 한 발, 한 발 발을 옮길 때마다 저벅거리는 소리가 약해져 갔다.

이윽고 다다른 섬.

나는 모두가 외로움이고 모두가 걱정뿐 일 거라 생각했다. 처음 발을 들여놓은 섬은 내 생각이 맞아 떨어지는 것 같았다. 너무 삭막하여 으슬으슬 추위까지 느껴야 했다.

그렇게 어둠 속에서 갈 길을 잃어버린 내 앞으로 별 하나 다가서다. 어느 세월이었던가 그 많은 세월을 두고도 변함없이 나를 반겨주는 너를 보고서야 나는 그 섬이 나의 섬임을, 아름다운 나의 섬임을 알 수 있었다.

때론 장미도 외롭습니다

처갓집 앞마당에

담을 따라 살아가는

장미 하나 있습니다.

혼자서는 외로운 까닭인지

제 그림자를 데리고 살아가는

장미 하나 있습니다.

병상에 누워계시는 장모님이

힘겹게 바라봐주는 것이 그나마 고마운

장미 하나 있습니다.

언젠가는 우리도

제 그림자에 외로움 이야기해주며

살아가게 되리란 생각에

동지 겨울 추운 하늘을 보게 하는

장미 하나 있습니다.

숙이는 가을이 가는 것이 못내 아쉽다고 했다. 마치 우리의 나이가 겨울을 앞에 둔 가을 끝자락과 같다고도 했다.

순이는 가을이 아니라 여전히 봄이라 여기고 살아가자 했다. 화사한 꽃처럼 살아가자고 했다.

아직도 소녀들처럼 까르르 웃는데도 나이가 가끔은 느껴지는 모양이다.

동창들의 카톡방에 오가는 대화를 지켜보며 나는 가을이면 어떠랴 봄날에 품었던 사랑이 우리 가슴에 버젓이 자리하고 있다면 아직 우리 봄이라 말해도 되리라고 가만 나를 위로해 보았다.

꽃도 가끔은 꽃이어서 외롭다고 하는데 우리는 언제나 부를 수 있는 친구가 있으니 봄이 아니어도 우리 까르르 웃으며 살아가 보자.

나이는 가끔만 생각하며~

한낮 달팽이 울다

아니다
아니다 해보지만
내 삶의 무게가 어쩌면
그리움이거나
외로움의 무게인지도 몰라.

이 한낮
누군가가 손을 내밀어줄 것 같은
그 그리움과
가도 가도 보이지 않는 너를 두고
여전히 혼자라는 이 외로움.

내 등위로 앉은
그 오랜 전설의 딱지 같은
그런
그런
눈물.

그냥 있는 자리 그렇게 살자하면서도 어떤 날은 이렇게 있어도 되는 일인지 내 자리가 궁금해진다.

무언가를 하지 않으면 죄를 짓고 있기라도 하는 듯 마음 한쪽이 비어가는 느낌이기도 하다.

태풍에 쓰러졌던 코스모스들이 몸을 추스르고 가을을 향해 남은 꽃을 피우고 또 내년을 기약하며 씨앗을 맺기도 한다. 가만 씨앗을 받다가 손을 멈추고 생각에 잠긴다.

나도 누군가에 의해 이렇게 씨앗으로 남겨져 또 다른 생을 위해 뿌려질 수 있을 것인가?

이미 나의 씨앗들이 아들의 가슴에 뿌려져 자라고 있을 것이란 얘기를 읽은 기억에 가만 미소를 짓고 생각을 멈추고 씨앗 받기를 계속한다.

그래 살아 있는 동안만이라도 이 예쁜 꽃들이라도 많이 많이 퍼뜨려 웃게 하자는 생각을 엿보고 가을 하늘이 예쁜 구름을 데려와 내 가슴에 안겨준다.

꽃이 되어서도

가도 가도 끝이 없는
이 길
순이 너를 두고
꽃으로 살아간다는 일이
그리움이어서 붉기만 하구나

어느 날에나
이 그리움 놓아두고
이슬 속으로 맑게 피어나
지나는 바람에게도 흔들리지 않고
당당히 그렇게 서 있으려나.

아직은 꽃의 일이 아니라
사람의 일이기라도 한 듯
지나는 걸음 하나하나가
아주 오래된 입맞춤 속으로
붉기만 하구나
붉기만 하구나.

밤으로 내리는 이슬 한 방울이 그저 감사할 따름이었다.

그 감사함을 먹고 봄에 옮겨 심은 다알리아의 붉은 꽃들이 야속함도 없이 붉기만 했다.

어느 날이었던가? 내 가슴 저리 붉었던 적이.

가뭄 속에서 바싹 말라 들던 내 가슴이 잦은 빗속에서 다시 아려온다.

잊고 지냈던 그리움들이 다시 꽃이 되어 내 앞에 서던 것을 나는 왜 잊으려고만 했던가.

다시 그리워할 일이다.

다시 사랑할 일이다.

꽃이 있어

목마름쯤이야 어디 순이 너를 그리워하던 시간보다 더 아프던가.

다시 그리워할 일이다.

다시 사랑할 일이다.

순이 네가 있어.

별을 따라 나서는 일

이게 잘하는 짓인지 몰라

저렇게 아득하기만 한

별을 따라 나서는 일이.

하지만 사랑이라면 기꺼이

별 하나 따는 일쯤

아무것도 아니어야 한다는

저 바람의 말을

아주 거스를 수는 없는 일.

몇 날을 가다 보면 다다르겠지

별에게

너에게

상사화

아무것도 아닌 게야

다들 자기 아픔으로 살아가는 세상

아무리 외롭다 한들

아무리 아프다 한들

누구 하나 거들떠보기나 하겠어.

그래서 저 홀로

저리 붉게 피어있어야 하는 게야.

행여

외롭다, 아프다

함께 울어주는 사람이라도 있을까

바람에 못이기는 척

저리 두리번거리며.

꿈

밤손님이라도 되어

내 너를 훔쳐낼 심산이었으나

이미 너는 거기에 없구나.

꿈의 저편에서 웃고 있는 너를

훔쳐낼 수는 없는 일.

돌아서는 내 마음 안으로

네 꿈이 찾아들어

어느새 웃고 있구나.

꿈인 것도 잊고

나도 덩달아 웃게 되는구나.

밤마다 하늘에 올라

이 땅 어디에선가

사랑이 시작되면

별 하나 사라지는 일인지도 몰라

셈하기에 지친 하느님이

사랑이 시작될 때

하늘의 별 하나를 떼어내고

사랑이 끝나면 다시

그 별을 하늘로 불러들이는 거지

사랑이라는 것은

별 하나보다 더 밝아

하늘의 어둠을 염려하지 않아도 되는 일이기에

순이야

오늘 밤 나는

수고로운 하느님을 대신해

하늘의 별 하나를 떼어내고

그 자리에 우리들의 사랑을

세워두고 와야겠다.

새야 새야

아침 마당에

작은 새 한 마리 찾아와

한참을 소리도 없이

나뭇가지에 앉았다 떠납니다.

새가 떠난 자리

미처 부르지 못했던 노래가 남은 것을 알고

황급히 새를 찾아 나섭니다.

이다음 생에는 꼭

새로 태어나고 싶다던

당신의 말이 떠오른 까닭입니다.

아 이 또한 얼마나 허망한 일입니까

홀로 남아 새를 찾아 떠나는 일이.

엄니의 꽃밭

꽃 피었다.

꽃 피었다.

붉은 꽃 피었다.

알뜰살뜰 키우시던

울 엄니 아파 누운 줄도 모르고

친정집 꽃밭에 봉선화꽃 피었다.

오늘은 꽃이 슬픔이다.

꽃은 꽃이어야 하는데 오늘은 꽃밭의 꽃들이 모두 슬픔처럼 눈으로 들어선다.

얼마나 아프셨을까?

그 긴 밤이 얼마나 길었을까?

먼저 아파 누운 장모님 때문 당신은 아프다는 말도 자식들에게 해 보지 못하고 혼자서 그 긴 밤이 얼마나 아프셨을까?

앉아서 밤을 새우고는 하신다는 말을 듣고 병원에 가시자고 채근을 하면 담담하게 신경통 때문이라 소용없다고 완강히 거부하고 하시더니 그게 뼛속 깊이까지 스며드는 통증 때문이었다니 그저 자식된 자리가 부끄러울 따름이다.

얼마를 더 아픔을 겪어야 하실지 병상에 누워계시는 장인을 보는 마음이 아프다.

가을 초입에서

가을이 온다고
동네 젊은 아낙네
선운사 상사화 마중 가겠다고
손톱 건너 가슴까지
봉숭아 물들이기 바쁘다

또 한 해가 간다고
아흔세 살 귀남 할매가 내놓는
시름겨운 한숨 소리 아랑곳없이
귀먹은 가을은 성큼성큼
들을 건너오고

젊지도 늙지도 않아
딱 좋은 때라
스스로에게 이르던 내 나이도
이제는 가을이 오는 소리가
영 즐거운 눈치만은 아니다.

나이를 드는 일이 서러운 것은 아니라고 말하던 시절이 있었는데 며칠 전 멀리 점심 나들이를 가는 길에 노랗게 익기 시작하는 벼를 보며 가을이 오는 것이 반갑지만은 않다는 동승한 작가의 말을 듣고 나도 가만 반문을 해 보았다.

너도 가을이 오는 것이 달갑지 않느냐고?

기쁨도 그러하지만 슬픔도 그렇게 옮겨오는 것인지 얼른 대답을 하지 못하는 것을 보니 그리 세월이 가는 것이 달갑지만은 않은 모양이다. 그러나 어쩌랴 세월은 가야 제 할 일을 하게 되는 것을~

이 가을은 늘어가는 나이 걱정은 밀쳐두고 그저 빨갛게 피어나는 상사화의 그리움 위로 나의 그리움도 꺼내 보며 말갛게, 말갛게 익어가는 하늘이나 보며 갔으면 좋겠다.

아직도 남은 사랑 있거든 안아도 보며.

시인과 풀꽃

허구한 날

작은 풀꽃 앞에 쪼그리고 있는

나를 보고

아내는 안타까워하지만.

그래 낮은 풀꽃들도

보아주는 사람이 있어야

꽃 피울 만하지 않더냐.

나 또한

그 풀꽃이라도 들어주어야

시를 읊지 않겠더냐.

이제는 그 혼란스럽던 여름을 건너온 가을이 밤이면 별들과 풀벌레 노래를 앞세워 나를 불러낸다.

멀리 별들 사이로 요란한 섬광 하나가 지나간다. 어느 먼 곳을 찾아가는지 알 수 없는 비행기가 만들어내는 섬광이다.

나도 가끔은 그 비행기를 타고 하늘 높이 날아 더 멋진 곳을 찾아 나서고 싶기도 하다. 그리고 어떤 날은 그렇게 날개를 얻어 날고 있는 사람들이 부럽기도 했었다. 하지만 나는 여전히 작은 풀꽃 앞에 엎드려있다.

예쁜 꽃이 아니면 어떠랴. 나를 보고 노래를 불러주고 나의 이야기에 귀를 기울여준다면 작은 꽃이면 어떠랴. 내겐 그 꽃이 전부인 것을.

혼자서 살아간다는 것은 산다는 것이라 말하기에는 부끄러운 일인가보다. 아니 힘겹기까지 한 모양이다.

나는 오늘도 하늘을 나는 몸짓을 그만두고 할머니들에게 작은 꽃이기라도 한양 이야기를 들어주고 웃어주기 위해 마을회관으로 향한다.

바람과 꽃

나는 슬프다

나는 슬프다

지나는 바람이 말했다.

나는 행복하다

나는 행복하다

창문아래 꽃들이 말했다.

잠시 비가 내렸고

잠시 해가 떠올랐을 뿐

달라진 것은 아무것도 없었다.

모두들 그렇게 말했다.

행복과 불행마저도 마냥 똑같은 것이어서 어떻게 바라보느냐에 따라서 행복해지기도 하고 불행해지기도 한다고 했다.

나도 그렇게 믿고 모든 것을 행복한 눈으로 보기로 했다. 그러자 정말로 행복한 세상에 내가 있는 것처럼 보였다. 그러나 여전히 행복해하지 않는 사람들이 너무 많았다. 나는 순전히 그들의 탓이라고 여겼다. 아픔에 어쩔 줄 몰라 하는 사람을 보고는 병으로 느끼는 고통마저도 생각하기 나름이라고 억지를 부리기도 했다.

그러다 어느 날 나는 아프기 시작했다. 중병을 앓는 것도 아닌 아주 작고 사소한 병을 앓게 되었다. 그 통증 앞에서 나는 생각할 겨를도 없이 무너지고 말았다. 나는 이제 내 생각의 한 틀을 수정하기로 했다. 가끔은 어쩔 수 없는 고통에 아파해야 하기도 한다고. 잠시 아파하는 나를 염려해주는 많은 위로가 내게 전해졌다. 나는 아픔 속에서 다시 웃기 시작했다. 그 많은 염려들이 나의 통증을 덜어주었기 때문이다.

그래 세상을 어떻게 보는가가 중요하기도 하지만 함께 보는 것도 중요한 일이었다.

우리 다 함께 행복을 보는 날은 언제일까?

고향집 접시꽃

꽃 피었더냐

꽃 피었더냐

울타리 아래

하얀 접시꽃 피었더냐.

너는 알더냐

너는 알더냐

붉지 못해 하얗게 피어나는

그 사랑을 알기나 하더냐.

모진 바람 앞에서도 눕지 못하던

내 어머니의

그 사랑,

그 꽃 피었더냐.

어린아이들을 두고 옆집 아제가 떠난 그해 여름은 유별나게 따갑기만 했다.

지아비를 잃은 슬픔에 사흘인가 눈물로 날을 보내던 아짐은 아이들을 안고 더 이상 울지 않기로 작정이라도 한 듯 허리끈을 질끈 동여매고 남의 품팔이 길에 나섰다.

입빠른 마을 사람들이 모진 년이라고 수군거리기도 했지만, 자식들 앞에서는 전혀 들리지 않는 모양이었다. 그리고 많은 세월이 지났다. 그 세월 속에 아제의 자취도, 도시로 떠난 아짐의 자취도 잊혀져 갔다. 그 고향 집 토담 아래로 접시꽃만이 피어 여름을 보내고 있었다.

이번 추석에도 아제네 아이들은 홀로 붉다 하얗게 바래버린 어머니의 꽃을 보지는 못하리라. 그래도 고향이라고 찾아와주는 폼이 여간 고맙기만 하다고 마을 사람들은 입을 모을 것이다.

추석 모두 고향길에 나서보자. 내 어머니가 아직은 곱게 웃어주는 그 품으로 떠나보자.

한가위라 달 밝은데

차례상의 저 많은 음식들이
무슨 소용 있으랴
네가 없고
내가 없다면

살아생전 다 쓰고 갈 일이다
아직 네 안에 남은
작은 불씨 같은 사랑까지도

순이야.
한가위 달 아래 춤추던
그날을 두고
홀로 보아야 하는 달이 아프다.

함께 할 수 있어서 더 기다려지는 날이 명절인가보다. 아무도 오지 않으리라는 생각에 명절을 앞두고 가슴이 답답하다고 응급실까지 다녀와야 했던 귀남 할머니도 자식들을 보고는 언제 아팠냐는 표정 이시다.

산다는 것은 그렇게 혼자여서는 안 되는 일이었다.

지난 추석에는 함께 차례상 앞에 서 계시던 낭군님이 이제는 상을 차지하고 계신다는 기막힌 생각에 명절이 차라리 없기를 바라는 병관 엄마는 아직도 눈물을 훔치고 계신다.

그래 네가 없다면 또 내가 없다면 그 좋은 음식이 무슨 소용이며 또 밤낮으로 웃어주는 꽃들이며 새들의 노래가 무슨 소용이랴. 살아 있을 적 다 할 일이다.

가을이다. 이제는 산다는 일이 조금 느슨해져도 좋을 그런 계절이 다. 이 하루가 돈을 벌어야 하는 하루가 아니라 살아가는 하루가 되기를 바란다. 사랑하는 하루가 되기를 바란다.

하늘엔 구름 가고

무릇 제행무상이라 했던 것을
내 잠시 그 말을 잊고 살았구나.

하늘이 그렇고
땅이 그러던 것을
사람인 네게서야 오죽했으랴만
떠나가는 너를 두고
야속함만을 키우고 있었으니
하늘과 땅과 사람의 일을
모두 잊고 있었구나.

그래도,
그래도,
내 마음 어쩌지 못하고
하늘 먼 구름을 따라나서는구나.

그랬다. 모든 것은 다 변하기 마련이었다.

변하지 않기를 바라는 네 마음을 두고도 어떤 날은 꽃도 시들고 말지 않던가?

알고 있다. 네 마음 가득 불변을 향하던 그 열정을.

그러나 어쩌랴 변해야만 살아가지는 것을.

아파하지 말라 변한 것이 그대가 아니고 그대가 바라보는 사람이었기에 아파해야 할 이유가 없다.

이제는 이 가을 하늘의 두둥실 떠가는 흰 구름에 실려 보내주고 그대는 다시 기약 없는 저 하늘, 하늘거리는 코스모스 앞에 서보라 그래도 눈물이 흐르면 그대도 곧 변하고 말리라는 다짐을 두어도 보거라.

이 어설픈 위로가 그대의 아픔에 덧칠하는 일이 아니기를 바란다.

달리기

지지리 복도 없다고

풀린 운동화 끈에 화풀이를 하며

운동장을 걸어 나오던 날

하늘의 만국기들은 무엇이 좋아

그렇게 웃고 있었던지.

꼭 공책 하나가

필요한 것도 아니었는데

오십 년이 훌쩍 넘은 지금도

왜 꽁무니에 계급장처럼

그날의 화를 달고 다니는지

친구야 너는 알고 있니?

아직도 그대는 화가 나 있다. 오래도 아주 오래여서 이제는 잊어도 좋으련만 운동회에서 넘어져서 꼴찌로 들어오던 그 기억이 아직도 그대를 떠나지 않고 있다.

어디 그뿐인가? 아주 오래전 그러니까 그대가 막 이성에 눈을 뜨던 그 시절 앞마을 순이에게 말하지 못한 그 고백이 아직도 그대 가슴에 남아 그대를 울리고 있다.

많은 세월이 지나갔다. 그 뜨겁던 여름도 소문도 없이 지나가고 단풍잎 부끄러움으로 물드는 가을이 댓돌 아래 소문도 없이 찾아들었다. 이 가을에도 여전히 그대는 지난날의 기억들로 화가 나 있고 또 슬퍼지기도 하리라.

그게 사람의 일이라고 말하고 또 어물쩍 가을 보내고 겨울을 맞겠지. 그러나 말이다. 나무들마저 옷을 벗어버리고 본래의 모습을 찾겠다고 겨울로 들어서는 그날이 오기 전에 우리도 한번 옷을 벗어보면 어떨까?

이제는 정말로 지나간 것은 지나간 것에 주어버리고 지금의 너와 나로만 남아있으면 어떨까?

그대 사랑은 안녕하신가

가을이다

담 너머로 익어가는

굵은 대추 알을 보며

문득 봄에 뿌려둔

그대 사랑의 크기가 궁금해진다.

하지만 말이다

그대는 사랑의 크기를 두고

궁금해하거나 염려할 일이 아니다

사랑은,

사랑은,

그렇게 주는 거라 하지 않았던가.

오늘도

맑은 하늘가에

고운 씨앗을 뿌리며 갈 일이다.

그 누군가를 위해

담 너머로 붉은색을 띄기 시작하는 대추 알들이 자꾸만 침샘을 자극하며 시선을 낚아채 간다.

들판의 벼들도 고개를 숙인 지 오래다. 간밤 바람 소리 요란하더니 앞산 밤나무 밑에는 질펀한 웃음들이 깔렸다.

가을은 어디나 결실을 두고 웃음 가득이다. 그 웃는 들의 모양을 보면서도 그대의 마음은 편하지가 않다. 어렵사리 지난봄에 뿌려둔 씨앗들의 소식이 궁금해서다.

너무 서둘러 씨앗을 뿌린 탓에 행여 땅을 뚫고 나오다 얼지는 않았을까 염려를 하다가 여름에는 그 뜨거운 햇살 아래 무고할까 염려를 하기도 했다.

그러나 가을바람 살랑살랑 그대 이마를 간질이던 날 기어이 그대는 보고 말았다. 코스모스의 그 고운 자태를.

작은 씨앗들의 안부를 알고 나자 이제는 그대가 뿌리고 지나온 사랑의 크기가 궁금해졌다. 그러나 이미 그대는 그 사랑을 두고 충분히 행복했음을 알고 있기에 그 열매에 대해서는 염려하거나 궁금해하지 않아도 되리라. 사랑은 뿌리는 순간 그 열매를 맺지 아니하던가.

그저 오늘도 그대는 사랑을 위하여 묵묵히 씨앗을 뿌리며 가기만 하면 되리라.

이 가을엔

대문 옆 봉숭아 꽃잎 떨구며

모두 다

부질없다 부질없다하지만

그래도 이왕 생겨난 일

사랑은 한번 해보아야하지 않겠느냐

순이야.

붉은 연지가 지워지면 어떠랴

입맞춤이라도 한번 해보아야하지 않겠느냐

가을이 익어가자 봉숭아들이 지난여름에 못다 푼 이야기들을 남겨두고 가여운 꽃잎들을 떨어뜨리기 시작한다.

아니다 가엽다고 말을 해서는 안 되리라. 이미 그들은 충분히 여름의 사랑을 끝낸 터이기에 다만 그를 가엽게 여기고 있는 것은 내 마음이리라 지난여름에도 사랑 곁에 서보지 못한 네 마음이기도 하리라.

하늘이 파랗게 눈을 뜨고 본다한들 그게 무슨 대수이랴 그대 사랑하는 마음이 이렇게 붉기만 한 것을. 이제 마지막 꽃잎이 떨어지기 전에 그대 가여운 마음일랑 접어두고 천천히 꽃에게 다가가 입맞춤이라도 해둘 일이다.

가을, 떠나는 그를 불러 세워 입맞춤이라도 해주어야 무서리 내리는 길을 갈 수 있지 않겠느냐. 아직 그대 뜨거운 가슴을 감추려 하지도 마라.

여유

본디 있는 그대로이다

하늘이 있고

땅이 있고

그 안에 나무며 새들이며

꽃이며 노래가 여전하다

없는 것은 그대이다

있다, 있다 항변해보지만

그대는 없고 오직 허울뿐이다

단 한순간만이라도 좋다

돌아오라

하늘과 땅 사이로

돌아와 헛기침이라도 해보자

돌아와 뒷짐을 지고 어슬렁거리기라도 해보자

아직은 가을이 네 앞에 있다.

오늘도 바쁘다.

언제부터 그렇게 바쁘기만 했는지 기억이 까마득하다. 그래도 몇 해 전만 해도 간간이 꽃을 보기도 했다. 그리고 더 많은 시간이 지나면 꽃을 심기도 하리란 희망도 가져보기도 했다.

이미 나를 잃은 지는 오래, 이 가을은 아직 꽃마저 보지 못했다.

멈추면 다시 내게로 돌아와 단풍이라도 볼 수 있으려나 그마저 생각뿐 멈추지를 못한다.

나비 울다

언제나 피어나기 시작하는 꽃을 찾아다니느라

지는 꽃을 보지 못했습니다.

어느 늦가을

가슴 깊이 상처처럼 아린 바람이 들던 늦가을

나도 꽃처럼 그렇게 시들어가는 것을 보았습니다.

이제는 지는 꽃들을 찾아 용서를 빌자 하였지만

이미 겨울 앞에서 그 흔적마저 없었습니다.

나 또한 겨울 앞에서 길을 잃고 맙니다.

눈물만 가득 남은 나를 두고.

언제부턴가 나이를 홀로 가게 놓아두기라도 한 듯 나이를 잊고 지냈습니다. 아니 도무지 나이가 무엇인지 가늠을 하지 못하고 있었습니다.

떨어지는 낙엽을 보고. 보도 위로 뒹구는 가랑잎을 보고, 세월이 가고 있음을 문득문득 느끼고는 했지만 다 나와는 상관없는 일이려니 했습니다.

한 해를 마감하려는 듯 꽃 위를 거닐던 나비들이 서리를 피하지 못한 간밤의 아픔으로 햇살에 날개를 말리면서 눈물을 짓습니다. 그의 직관대로 이제 이 땅에서의 생을 마감해야 할 것입니다.

가을은 그렇게 잎들이 떠나고 나비들이 떠나고 있습니다. 모두들 한생을 마감하며 회한이 없기를 바랄 만큼 충분히 살았기를 바래봅니다. 그 바람은 어쩜 나에게 주는 주문이기도 할 것입니다. 또한 그대도 그러하기를 바랍니다.

제법 겨울처럼 추위가 옷깃을 여미게 합니다. 오늘도 가을의 아픈 이별 앞에서도 행복하시기를 바랍니다.

가을 이별

홀로 두고 떠난다고
미안해라고 말하지 마
이별마저 행복하다 말하진 않겠지만
사랑한다는 것은
찬 서리 속에 피는 꽃 마냥
외로워도 웃는 것이라
네가 떠나고 홀로 남아도
결코 울지 않으리니
자꾸만 뒤돌아보게 하는
남은 사랑 있거든 모두 내게 주고
남은 사랑으로 아파하지도 마
그러나 아주 잊히지는 않게
저 하늘에 두었던
너와 나의 언약의 별만은 지우지 마
자 이제 마지막 말이야
사랑해.

가을은, 가을은, 이별이 더 어려워

가을은 가끔은 나를 신파조로 만들고는 한다. 그래서 이미 낡아버린 이별을 떠올려지는 낙엽을 바라보게 하기도 한다.

젊은 날 그렇게 애창하던 어느 노랫말처럼 낙엽 따라 가버린 사랑을, 기억의 저편에 이제는 잊어도 좋다고 말하는 그 이별을 끄집어내어 떨어지는 낙엽에 견주어 보기도 한다.

가을은 그렇게 사랑보다는 이별이 더 어울리는 것인지 모를 일이다. 아직도 이별을 놓고 아파서 우는 그런 청춘들을 위해서 가을은 위로를 하겠다고 나서지만 제 이별에 몸을 떠는 앙상한 가지들을 보면 이별을 앞에 두고 그 아픔은 나무도 어쩔 수 없는 모양이다.

어느 날인가는 사랑이 그렇게 왔던 것처럼 이별 또한 그렇게 오는 것이라고 스스로를 위로하기를 바라며 아직도 아파하는 그 오랜 이별에게 위로를 놓는다.

그 사랑이, 그 이별이, 떨어지는 낙엽이 아니라 한때는 아름다움이기만 했던 단풍으로 남기를 바라며.

아버지의 구절초

고향 어귀에 다다라
해지는 들녘을 바라보기로 했다.

곡식들의 여무는 소리를 지고
내를 건너오시는 아버지를 마중하기 위해,
아버지가 지고 오는 지겟단 어디쯤 꽂혀있던
흐드러진 구절초를 기다리는
내 어머니의 웃음을 만나기 위해,

너무 늦은 일일까
아이마냥 기다리는 나를 두고
아버지는 결코
그 작은 내를 건너오지 못하셨다.
뒤늦게 아버지를 찾아 떠나신 어머니도.

어디에선가는 구절초 축제가 한창이라는데...

미국에서 살고 있는 친구를 만나는 자리. 새삼 친구의 얼굴에서 우리들을 통해 지나간 세월을 가늠한다. 가끔은 잊고 지내는 세월들이 친구들의 얼굴을 통해 보여지고는 한다.

오늘은 그 친구들의 얼굴에서 아버지의 얼굴을 떠올리게 되는 것이 이미 우리들을 지나친 세월들의 무게가 가을이어서 더 커 보이는 것일까?

어느 가을날이었던가 아버지가 지고 들어서시는 지게에는 구절초가 한가득이었다. 아 그때는 구절초가 아니라 선모초라고 불리었다.

물론 질그릇마냥 투박한 아버지가 지고 들어서시는 구절초는 꽃이 아니라 어머니의 신경통을 다스릴 약초이었지만 내 눈에 보이는 것은 꽃이었고 여태껏 보아왔던 아버지의 어떤 모습보다 더 경이로움이었다.

봄이면 꽃 속에서 만나지는 어머니와 다르게 가을이면 노랗게 물드는 은행잎을 두고 아버지가 생각나는 것은 무엇 때문일까?

친구의 얼굴에서 나의 세월을 읽고 그 세월 속에서 내 아버지를 읽어야 하는 가을이 스산해진다.

단풍

때로는 그렇게
울기라도 해야 했던 것이지

여위어가는 하늘을 보며
붉게, 붉게
울기라도 해야 했던 거지

분간 없는 바람 불어와
그대 가슴을 흔들어 놓고
시치미를 떼고 앉은 이 가을날에는

꼭 떠나버린 여인이 그리워서가 아니라
남은 목숨의 무게로

그게 내 가슴이거나
또 네 가슴이거나 상관없이
그렇게 붉게, 붉게

유독 가뭄이 깊었던 올 날씨 탓인지 땅에서 자라던 농산물값이 많이 비싸졌다.

땅 밑에서 자라던 고구마며 땅콩들도 그 작황이 시원찮아서 여기저기 땅콩을 부탁해 오는 친구들이 있지만, 아직도 잘 여문 땅콩을 구하지 못해 미안하기만 하다.

다행이 농사를 잘 짓는 이장네 고구마밭에서는 적당히 자라준 달달한 베니하루카들이 모습을 드러내 주어서 고구마를 기다리는 지인들에게 보낼 수 있게 되었지만, 그 가격이 많이 올라서 조금은 내 맘이 편치 않다.

땅 위에서 자라던 벼들도 보기보다 소출이 작아서 수확하는 농부들의 얼굴이 그리 밝지만은 않다. 그나마 수매가격이 올라서 한시름은 놓는 표정들이다.

농산물 가격 상승으로 소비자들의 부담이 커질까 염려하는 나를 보며 아내가 말한다. 그래도 가계 부담 중 가장 낮게 차지하는 부문이라고. 쌀 한 포를 가지면 몇 달을 먹지 않느냐고.

아내의 말대로 염려를 접어두고 이제 가을볕 아래로 붉은 가슴이나 보러 나서야겠다.

앞산 단풍 들었네

그 끝은 어디였던가
네가 보고 싶다는 간절함이
하늘을 더 시리게 하던
그 가을.

나는 슬픔이 커지면
푸르다 못해 붉어지기도 하고
또 그 붉음이 꽃이 되어,
나비가 되어,
구천 그 어디쯤에 다다랐다
다시 네게로,
네게로 다가서는 것을
보아야만 했나니.

내가 사랑을 알던 날로부터
가을은 온통
그립다 못해 슬퍼지고는 했나니.

이 가을도 나는

또 꽃이 되고,

나비가 되고.

앞산에 드문드문 초록이 비어가는 것이 가을이 깊어가는 모양이다. 남천들은 벌써 겨울을 맞을 생각에 열매를 익히고 잎들의 단장을 서두르고 있다.

단풍이 들면 그리고 나무들이 옷들을 벗을라치면 내 마음은 또 붉다 못해 한바탕 울음에 물들 것이다.

원래 너는 내게 오지 않을 심산이었던 것을 나는 네가 웃어주는 미소 하나만을 보고 네가 마치 내 품에 안기기라도 한 듯 열병을 앓기 시작했었지. 이제 정녕 네가 오지 않을 것을 알면서 그 시절을 회상하는 것이 우습기만 하다 만 어찌 보면 산다는 것 또한 그렇게 내게 오지 않을 그 무엇인가를 기다려오기만 한 것 같아 가을이, 단풍이, 낙엽이 더 서글퍼지는 것 같다.

언젠가는 나도 꽃처럼 붉은 가슴을 터뜨려보기도 하고 또 나비처럼 날아 네게 가보기도 하려니 그렇게 지나온 많은 세월들이 저만치 홀로 달아나는 것을 보며 나는 이 가을도 또 앓고 말 것 같구나.

가을아!

꽃아!

나비야!

만추유감

고래를 찾아 떠났던 춘식이는
여직 돌아오지 않는데
가을비에 행여 단풍잎 떨어질까
선운산 골짜기로
우산을 받쳐 들고 길을 떠난다.

너와 나는 그렇게
앞서거니 뒤서거니
하늘길을 찾아 나서야 하던 것을
네가 떠나던 그 젊은 날은
왜 그렇게 섧고 설웠는지

아직도 고래를 찾지 못한 네게도
가끔은 가을 소식이 들리기는 하는지
선운산 골짜기 단풍들이 떠나는 길에
가끔 네게 들려 이야기를 나누기도 하는지
행락객의 발소리에 지친 가을도 떠나고 마는구나.

선운산 단풍이 많은 사람들을 불러들여 놓고 한바탕 얼굴 가득 웃음을 짓게 만들고 있다.

아름다운 고창에 산다는 것은 멋진 일이어서 가끔은 뜻하지 않은 사람들을 만나게 하기도 한다. 지난 주말에는 서울에 있는 인창고 동문들이 선운산으로 산행을 오셨다. 맛이 좋기로 소문난 선운산 생막걸리 몇 박스를 들고 마중을 나간다. 많은 선배님들이 또 후배님들이 내 이름을 듣고 반갑게 맞아주신다. 그동안 동문 밴드에 글을 함께 했던 탓에 이름을 기억해주신 것이다.

선운산 도솔천 변의 수줍게 때로는 요염하게 그리고 방자하게 버티고선 단풍에게 감탄사를 연발하는 동문들을 보며 마치 그 단풍들을 애써 가꾸기라도 한 듯 내 마음 한쪽이 우쭐해진다.

아름다운 풍광이 있어서 좋은 날이기도 하지만 그보다는 만남이 있어서 더 좋아들 하시는 모양이다.

단풍 길을 걸으며 만나는 녹차 밭에서 나는 잠시 학창 시절을 떠 올려본다. 그리고 그 암울했던 시절에 함께 꿈꾸던 젊음을 생각해본다.

얼마나 많이 아파했던가? 그러나 이젠 그것들마저도 이 고운 단풍에 묻고 살고 있는 나를 보기도 한다. 아직도 자유를 갈망하며 떠났던 그 시간 속의 나를 가끔은 불러내 아픔을 만져보기도 하며.

산다는 길의 여정에는 오랜 만남들이 불쑥불쑥 생겨나서 참 맛나기도 하다는 단풍들의 부러움을 들으며 다시 단풍 길의 웃음들을 만난다.

탓

쉽게 잠 못 드는 밤

낮에 마신 커피를 탓한다.

아서라 어디 그 탓이겠느냐

아주 멀리 그리고 아주 오랫동안

네가 그리운 탓 아니더냐.

말하기도 주저하는

그 사랑 탓 아니겠느냐.

나만 그리운 게 아니라고

가만 홀로 피던 저 꽃도

잠 이루지 못하고.

가을이면 잠 못 드는 밤들이 더 많아진다.

아직은 나뭇잎 떨어지는 소리가 들려오는 것도 아닌데 내 마음은 어쩌자고 벌써 이별을 준비하고 있는 것인지 국화 향 앞에 서서도 좀처럼 웃어보지를 못하고 별들 몰래 가슴 한 곳에 슬픈 노래를 준비하고 만다.

이별이 없었던 것은 아니지만 그렇다고 지금까지 붙들고 다녀야 할 이별이 있는 것도 아닌데 가을은 온통 내 가슴에 이별만이 있는 것처럼 누군가가 그립고 또 무엇인가가 아쉽기만 하다.

애써 저녁나절에 마신 커피 탓을 해보지만 나는 가을이 깊어질수록 더 많은 커피를 마시고 더 오래 잠들지 못할 것이다.

국화들도 잠 못 드는 가을이니까.

꿈꾸는 사내

마냥 복사꽃 피는 둔덕에서
몰래 당신을 보는 것만은 아니다
어느 날은
소나기 속에서 허둥대기도
또 어둠에 쫓기다
비명을 지르며 깨어나기도 한다.

그래도 꿈꾸는 것이 좋다
꿈속에서나마 혼자가 아니어서
어쩌다 당신을 만날 수도 있어서
오늘도 홀로 남은 사내는
잠을 청한다.
꿈을 청한다.
그리고 어머니를 만난다.

치매를 앓고 있는 어머니를 모시고 휴가를 떠나는 늦은 아들의 이야기를 전해 듣는다. 잠시 앞산의 붉게 물든 나무들처럼 나도 붉어지고 만다.

차를 몰고 길을 가다가 가끔 그런 생각을 하고는 했었다.

왜 일찍이 운전을 하지 않았던가?

왜 어머니 살아생전에 어머니를 모시고 구경 길에 한 번 나서지 못했던가?

산은 여전히 가을을 보내느라 붉어 한참을 타오르다 이제 옷을 벗기 시작한다. 내 생의 여정이 머문 시점도 어쩜 옷을 벗어가고 있는 중인지도 모른다.

누구에게나 그렇게 붉게 물들고 또 옷을 벗어야 하는 여정이 있기 마련인 것을 언제나 기다리게 하고 언제나 미루어두기만 했다. 그렇게 미루다 기어이 떠나시고 나면 가슴 깊이 응어리처럼 남아있어야 하는 아픔인 것을.

그 어두운 납골당의 벽에 들어앉아 가을 소식이나 듣고 계실까 하는 생각에 또 마음이 아파온다.

가을에도 바람은 분다

가을 들판의 허수아비
아직 잠자리에 들지도 않았는데
겨울처럼 바람이 분다.

길을 막고 나선 바람에게
흔들리는 나와 달리
풀 섶의 쑥부쟁이들은 당당하기만 하다.

내게도 쑥부쟁이를 닮은
사랑하나 있다면
저리 당당해질 수 있으려나

바람이 지기를 기다려
하늘 그 어디쯤 있을 자유를 찾아
길을 가는 새에게 묻고 묻는다.

겨울로 가는 길이어서 그런지 연일 바람이 드세게 불어오고는 한다.

거친 바람 앞에서 모두들 몸을 움 추린다.

그들만이 자유를 누리기라도 하듯 하늘을 날던 새들도 잠시 몸을 낮추고 만다.

필시 꽃들도 바람 앞에 힘이 들 텐데 바람에 흔들리는 꽃들은 그 바람을 즐기기라도 하는 듯 춤을 추고 있다는 생각이 드는 것은 무엇 때문일까?

나도 바람 앞에서 그 꽃들처럼 춤을 추고 싶다. 내 마음 가득 들어 찬 이 가을의 연가를 부르며.

나도 소리 내어 웃고 싶다. 사랑한다는 것은 참 좋은 것이라고 연신 싱글벙글인 그 꽃들을 보며.

바람이 멈추자 다시 새들이 난다. 나도 이제 이 가을 하늘을 날아오를 채비를 해야겠다.

타령

사랑해

사랑해

수없이 말을 해도

허기지기만 한 이 사랑은 무얼까?

말속에는

사랑이 살고 있지 않는 걸까?

꽃은 질 때를 아나니

꽃 하나 지는 일을 두고

슬퍼하지 마라

지는 일을 기쁨으로 알고 지는

그 꽃에게 부끄러운 일이다.

때에 이르러 꽃은 져야 하는 일

꽃이 지지 않는다면

작은 앵두 한 알인들 얻을 수 있더냐

그것은 꽃이 하나님을 경배하는 일.

지는 꽃 앞에 두 손을 모을지어다.

달래기

불러도, 불러도 대답이 없는 것은

내게 줄

별을 따라 길을 나선 까닭이었던 것이지

그러기를 여러 해

아직도 대답이 없는 것은

별이 있는 곳까지의 길이

몇 억겁은 되는 까닭이지

나는 오늘도 이러고 나를 달랜다.

찬양

무일푼으로 살아가는

저 여치의 노래와

세상의 온갖 부와 영예를 안고 살아가는

저 가수의 노래 중

하나님의 귀에

어느 것이 먼저 가 닿을까?

아직도 노래를 부르지 못하고

어둠만 응시하고 앉아있는 나는

그것이 무척 궁금했다.

달맞이 꽃

새로운 꿈을 꾸기 위해

간밤의 낡은 꿈은 벗어야 했던가

밤새 달을 좇던 여인 하나

화장도 지우지 못하고

낮잠에 빠져드누나

따가운 햇살로

불러도, 불러도 대답 없이

달 하나 걸다

여보게
달 하나 걸어두지 않으시겠나.

그믐달이라 당장은
그대 작은 방 하나 밝히지 못할지라도
어디 그렇게만 있겠는가.
날이 가노라면
눈썹 같은 달도 되었다가
어느 날은 두둥실 떠올라
그대 방을 다 밝히고도 남지 않겠는가.

여보게
지금은 그대 웃지 못한다 해도
달 따라 그대 얼굴도 밝아져
웃게 될지도 모르는 일이니
그대 시린 마음 한쪽에
달 하나 걸어두지 않으시겠나.

가끔은 아주 가끔은 어둠이 오는 길에 앉아 슬퍼져 보려 한다. 아니 이미 무엇 때문인지 분간도 가지 않은 작은 슬픔이 깃들고 있는 것인지도 모른다.

불도 켜지 않고 앉아 있다 멀리 부엉이 소리에 놀라 불을 켠다.

불을 켜자 낯익은 방안 풍경이 나를 안아 다독인다. 다들 그렇게 그 자리에 그렇게 있던 것을 어둠 하나만을 보고 모든 것이 떠나버리기라도 한 듯 슬퍼했었는지도 모른다는 생각을 해보게 된다.

그래 이제는 아무리 어두워도 내 마음 밝혀둘 달하나 가슴 한쪽에 걸어두어야겠다. 그것이 지금은 그믐달처럼 분간키 어려운 작은 빛이라 하더라도 어느 날은 눈썹처럼 커지기 시작하여 만월이 되어 내 마음 가득 밝히기도 하지 않겠는가?

가을이 깊어지는 지금 그달을 걸어두면 때도 없이 찾아드는 스산함도 가시리라.

산다는 일을

나는 묻지 않기로 했다.
그저 아침이 오면
창문을 열어 맞아들이고
밤이 오면 이불을 펴 재우기로 했다.
그래도 가끔은
왜 사느냐고
무엇으로 사느냐고 물어오는
낯선 시선들에 잡혀
얼굴을 붉혀야 했지만,
묻지 않고 따져보지도 않고 산다는 것이
정말 잘하는 짓인지 알 수는 없었지만,
그것이 나의 조물주에게
사람으로서 도리를 다하는 것인 양
가끔은 눈물이 나오는 일이 있어도,
가끔은 사랑보다 분노가 앞서는 일이 있어도,
나는 묻지 않기로 했다.

제법 많은 잎들이 떨어져 내렸다.

가을은 그렇게 추락하는 것을 보아야하는 마음이 낙엽들 속에 함께 뒹굴어 눈가에 이슬이 맺히기도 한다.

꼭 찾아 나서리라고 마음을 다지던 지난봄을 마치 잊기라도 한 듯 나는 또 그 자리에 그대로 머물러 앉고 말았다.

봄이면 어김없이 다짐을 하고는 했다. 내 존재를 찾아 나서겠다고. 그리고 가을이면 떨어지는 낙엽들에게 안겨 함께 아파하거나 아쉬워하고는 했다.

이 가을도 그렇다.

어쩌면 그 봄날의 그 다짐이 어리석은 것이었는지도 모른다. 산다는 것이 그렇게 별달라 보여야하는 것만도 아닌 것인지도 몰랐다. 아침이 오면 아침을 맞고 밤이 오면 밤을 맞으며 살아가는 것으로 웃어야 했는지도 모른다.

무엇 때문일까 자꾸만 뒤돌아보게 되는 것은?

이제부터는 묻지 않고 그냥 지나는 구름만을 보고 살아도 될 것인지 스스로에게 물어보지만 자그마한 눈가의 이슬을 털어내지는 못한다.

직녀에게

아침이다.
밤새 너희를 갈라놓았던
은하수도 사라져갔다.
얼마나 그리움이 컸기에
드러난 강을 건너지 못하고
너희는 또 밤만을 생각하더냐.

한때는 나도 견우마냥
건너오지 못하는 직녀를 탓하기도 했다만
어디 사람 사는 일이,
어디 사랑하는 일이,
낮과 밤처럼
그렇게 고분고분 찾아들기만 하더냐.

그 긴 그리움을 두고 살아가야 하는 일이
하늘의 일만은 아닌 듯하여
이제는 너를 위해
내 징검다리를 놓고 말리라.

저 은하보다 더 깊다 하여도

너와 내가 마주하고선 그

한량없는 세월의 안으로

하루,

또 하루,

겨울이 성큼 다가오는 길목에 놓인 하늘의 은하수는 여전하다. 여름밤보다야 더 오래 들여다보아야만 그 깊이를 가늠할 수는 있지만, 아직도 긴 은하의 강을 건너지 못하고 바라만 보며 애타는 견우와 직녀의 그리움도 그 하늘에는 여전하다.

시를 쓴다는 일마저 직녀에게로 다가가기 위한 방편이었노라 말하는 견우는 여전히 은하에 발을 적실 일이 염려되어 그 강을 바라만 보고 있을 뿐이다.

이제 머지않아 그대 가슴에도 마지막 잎새들이 매달릴 것이다. 그리고 그 잎새가 떨어지기 전에 그 강을 건너야 한다는 조바심으로 아파해야 하기도 할 것이다.

그 잎새 지는 날 다가가지 못하고 그 강을 바라만 보던 지난 세월이 얼마나 어리석은 일이었는가를 깨닫게 된다. 그러나 그대는 이내 징검다리를 놓기에는 이미 늦었노라 주저앉고 만다.

사랑하는 일이 그렇게 바라만 보아서 되는 일이 아니었던 것을. 살아 있는 마지막 순간까지 징검다리를 놓아야 했던 것을.

견우의 아픈 마음들이 가을을 건너 그대에게 들어선다.

무밭에서

올해도 무밭은 풍년이다.

풍년이 되어도 울상인 무밭에

아직 덜 자란 놈

갈라져 못생긴 놈

병든 놈이 남겨 진다.

나는 그중

덜 자란 놈과 못생긴 놈을 찾아내어

겨울나기를 준비한다.

아직도 무밭에 남겨진 병든 놈은

겨울이 가져갈 것이다

멀리 까마귀 우는소리 들린다.

나는 어떤 놈이었을까?

장사꾼들이 무를 뽑아가고 난 밭에는 남겨진 무들이 허연 살을 드러내놓고 서리를 맞고 있다. 그 무들을 보며 나도 저리 남겨진 무들처럼 아픔이지 않았을까 하는 생각을 해보다 그 남겨진 무들 중 못생긴 놈, 덜 자란 놈, 병든 놈 중에 또 나는 어떤 무일까 하는 부질없는 생각을 해보기도 한다.

그래 이제 수확을 끝낸 무들에게 그렇게 따지고 드는 게 무슨 소용이 있겠는가? 나름 열심히 자라준 것에 감사해야 할 일이 아니던가?

이제는 내 소용을 묻지 않을 것이다. 다만 이렇게라도 살아가고 있는 나 자신을 감사하게 보아줄 일이다. 아직은 아침의 햇살을 맞으며 경이로움을 느끼고 지는 해를 바라보며 작은 눈물을 아껴둘 줄 아는 나를 사랑할 일이다.

무밭에 남겨진 무들 사이로 철 늦게 해바라기가 피어 더 시리다.

동지로 가는 길목에서

행복하다
행복하다 이르는데도
왜 슬픔은 자꾸만 기억되는 걸까.

행복마저도
슬픔에 견주어보지 않으면
홀로 오지 못하는 것일까.

언제나 저 푸른 하늘에 서서,
너의 손을 잡고 서서,
옷 하나 걸치지 않은 그런
맑고 맑은 웃음으로
행복을 안고 있을까나.

동지로 가는 길목
까치밥으로 남겨진 홍시가 시리다.

당신은 어제 얼마나 노는 일에 시간을 내어주었습니까?

아무도 선뜻 이 물음에 답을 하고 나서지를 못합니다. 우리들 대부분은 이미 논다는 것을 잊어버렸기 때문입니다. 아직도 우리의 마음 가득 일개미를 존중하고 놀이꾼 베짱이를 경계하는 마음이 있는 까닭에 오늘도 당신은 무언가 생산적인 일을 해야만 합니다.

이제 좋습니다. 그렇게 죽어라 일만 해야 직성이 풀리는 것은 당신의 시대에서 끝내야만 합니다. 그런데 실상은 그렇지 못합니다. 당신은 이제 아이들에게서도 놀이를 빼앗고 맙니다. 그래도 당신은 유년을 골목길에 나와 늦은 밤까지 아이들과 어울려 놀던 기억을 가지고 있습니다. 하지만 요즘의 아이들은 어떠합니까? 그들에게 놀이가 있기는 한 것입니까?

행복은 가끔은 놀아주는 시간 속에 더 많이 찾아와준답니다. 물론 그것을 알고 있는 당신은 나중 더 많이 근사하게 놀기 위해서 지금 일해야만 한다고 합니다. 그러나 당신의 어머니들은 어떠하셨습니까? 당신의 아버지는 많이 일하고 노년에 많이 노셨던가요?

놀 수 있을 때 노십시오. 아니 지금 일을 미루어 두시고 잠시 놀아 보십시오. 삶이 그대를 위해 웃어줄 것입니다.

사랑은

사랑은 한 그루 나무가 되어
그대 곁에 서는 일.

바람이 불면 같이 바람을 맞아들이고
해가 뜨면 같이 해를 안고
가끔 머리 위로 지나는 새를 보고
함께 웃어주는 일.

먼 지평을 바라보는 그대 곁에
묵묵히 서 있어 주는 일.

눈이 오는 겨울이면
외투도 없는 그대를 위해
우스개를 꺼내어 함께 있어 주는 일.

바다로부터 오는 바람이
봄 노래를 불러주는 날에는
서툰 음으로 따라 부르기도 하며
그대가 나무라면 함께 나무가 되어
그대 곁에 서는 일.

이제 한 해가 가려고 합니다. 가만 가려는 한 해의 안에는 어떤 것들이 있었는지 들여다봅니다.

그렇게 크게 웃고 나서는 기쁨은 없었습니다만 그렇다고 가슴을 움켜쥐어야 할 슬픔도 없었습니다. 그러나 잔잔한 웃음은 끊임없이 놓여있음을 봅니다.

산다는 것이 그렇게 크지 않아도 된다는 생각에 맞는 그런 잔잔한 기쁨인지도 모릅니다.

이 한해도 많은 분께 억지 글을 올려드렸습니다. 더러는 나 몰래 눈살을 찌푸리는 분이 계셨기도 하겠지만 많은 분이 반갑게 맞아주시고 또 응원해주시기도 했습니다. 감사하다는 말씀을 드리며 또 죄송하다는 말씀도 함께 드립니다.

소통이라 했는데 나는 많은 분의 관심과 댓글에 일일이 답해드리지 못하고 그저 항시 감사하다는 혼잣말만 드리고 있었습니다. 아직도 낯가림이 심한 탓이라 여기며 너그럽게 용서해주시기를 바란다는 말씀드리고 싶습니다. 또 욕심 사납게 지속적인 사랑도 부탁드리고 싶습니다.

다가오는 새해에도 언제나 말없이 내 곁에 계셔주는 것처럼 저 또한 그렇게 함께 서 있겠습니다.

저녁놀

갓 베어낸 나무를 아궁이에 넣는다.

수액을 증기처럼 뿜어내며 저항을 한다.

마침내 그의 완강함이 끝이 나고

서서히 타들어 이내 한 줌 재로 남고 만다.

부엌문 밖으로는 별이 한창이다.

한때는 그 별을 머리에 이고 있던 나무

이제 재가 되어서라도

그 별을 바라볼 수 있을까?

따뜻한 구들에 누워서도 한기가 든다.

도시 생활을 기억하는 몸이 나무 때는 일을 귀찮아하기 시작한다. 한때는 즐거움이기도 했던 일이다.

새벽이면 차가워지는 방 공기에 깨어나 보일러에 불을 지피기 시작한다. 잘 마른 나무들을 먼저 넣고 불을 피운 뒤에 덜 마른 나무를 넣는다.

잘린 자리로 채 마르지 않은 수액들이 뿜어져 나온다. 매일 보아온 터이지만 오늘은 그것이 아픔이 되어 내 안으로 들어선다.

보일러 문을 닫고 밖으로 나선다. 추수를 끝낸 빈들 위로 별들이 한창이다.

별들을 이고 서 있는 나무들에게 눈이 간다. 언제까지나 저 별들을 볼 수 있을까.

한기가 든다.

생일 유감

생일이라는 것이 꼭
축하해야만 하는 일이 아니란 것을
케이크가 흔적도 없이 사라진
다 늦은 밤에야 알아가기 시작했다.

얼마나 아픈 일이냐
생일 하나마저 온당히 지켜내지 못하고
부끄러운 마음을 내어야 한다는 것이.

아직도 수염을 기르지 못하는 낯으로
겨울이라고 눈이 내린다.

생일이라고 여기저기서 많은 분이 축하의 말씀을 보내 주셨다. 참 고마운 마음들이다.

생일이라고 멀뚱히 앉아 있기가 그래서 울타리에 쓸 대나무를 자르느라 낮 시간을 보내고 들어앉은 밤. 가만 나를 보겠다고 눈을 크게 떠보지만 오래전 버려두고 살아오기라도 한 듯 도통 나를 가늠하기가 힘이 든다.

아직도 알지 못한다는 것은 좋은 일인지도 모른다. 살아가면서 알아내야 할 그 무엇이 하나 더 있는 까닭에 말이다. 설사 가는 그날까지 나를 알아내지 못한다고 무슨 대수랴. 다만 아직은 내 가슴 가득한 사랑은 잊지 않고 가기를 바랄 뿐이다.

함께 하는 사람들이 있어 행복한 이 마음이 언제나 이어지기를 바랄 뿐이다.

아궁이에 묻어둔 고구마를 함께 나눌 사람이 언제나 곁에 있기를 바랄 뿐이다.

뒤늦게나마 생일 축하 인사를 건네준 분들에게 감사 말씀 드린다.

사랑이야

내 나이마저 잊어갈 만큼
참 많은 세월이 흘렀는데.

귀밑에 하얗던 머리는
어느덧 정수리까지 올라섰는데.

아직도 너는 내겐
열여섯이거나 열일곱의 소녀이기만 하니
어쩔거나
어쩔거나

행여 지나는 바람이라도
이 마음 훔쳐보면
무어라 말해야 할 거나.

차마 너를 두고 하지 못했던
사랑이라는 말을 해볼거나.

섣달 보름의 달빛이 차가운 구름 사이로 내려서 겨울 삭풍을 감싼다.

섣달이라는 소리를 들으면 여태껏 잊고 지내던 나이를 헤아리게 된다. 머지않아 설을 맞이하고 또 세배를 받고 떡국을 먹으며 한 살의 나이를 더 보태야 한다는 것을 알고 있기 때문이다.

그래서일까 많은 보름달 중 섣달의 보름달이 유난히 추워 보이는 것은.

어젯밤에는 그 보름달을 보면서 얼마나 더 많은 섣달의 보름달을 보게 될까 하는 생각이 나도 모르게 내 머릿속을 차지하고 있었다.

애써 부인하려 하지만 세월은 가는 것.

지나는 세월을 안고 아쉬워할 게 아니라 내게 주어진 이 시간을 소중히 여겨 더 많이 사랑하고 더 많이 나누어야겠다.

가끔은 열일곱 적 친구들의 이름도 불러보며.

입동

겨울이 그렇게 왔다.

결코 화나지 않은 표정으로
노란 국화 위로.
그러나 두터운 외투를 챙기는
아내의 손끝은 파르라니 떨고 있었다.

다가선 추위보다
보내야 하는 가을이 못내 슬픈 표정이다.

어이 그렇지 않으랴
가고 나면 그뿐인 가을인 것을,
그 가는 가을 속으로
꽃들과 함께 아내의 한철도 잊혀져야 하는 일을,

아무 말로도 위로가 안 되는 아내의 손끝을
숨죽여 바라보는 내게도
강판 지붕 위에서 떨고 있던 겨울이
예리하게 다가섰다.

마치 입동을 기다렸다는 듯이 서리가 내렸다.

이제 한창이라고 마당의 국화들이 치장을 멈추지 않고 벌을 불러 모으고 있던 지난 낮이 무색해지도록 된서리가 내렸다.

자연의 이치가 그리 네 철이 오가는 것이라지만 겨울 지나 여름이 오는 것과는 가을을 재촉하며 찾아드는 겨울을 보는 눈은 그리 곱지만은 않다.

그리고 가는 가을을 따라 한 생이 떠났다.

여든여덟 해를 살아오신 친구 어머님의 영전에 국화 한 송이를 놓으며 부디 그 지난 여든여덟 개의 가을이 모두 기쁨이었기를 바래본다.

장례식장 마당으로 한바탕 거센 비바람이 지나간다. 영정 사진 안에서 미소 짓고 있는 고운 모습이 더 허망해 보인다.

이 겨울에는 더 많이 산다는 것을 묻게 될 것 같다.

동백꽃 앞에서

늙는 일이 섧다는
어머니 당신의 말을 듣고
동백꽃 앞에 한참을 서 있던
젊은 날이 있었지요.

붉은 그대로
추해지지 않고 떨어지는
그 꽃이 부러웠던 것이지요.

이제 내가 그 나이 자리에 서보니
그렇게 툭 하고 떨어져 버리는 것이
부러움만도 아님을 알게 됩니다.

가끔은 슬퍼도 하면서
말라가는 손을 감추지 않는 것도
사람 사는 한 모습이라는 것을 알게 된 거죠.

지는 그날까지
동백꽃처럼 붉디붉은 사랑은
언제나 챙겨둘 일이란 것도.

이제는 늙는 일을 두고 왈가왈부하지 않기로 한다. 어디 지는 꽃이 가는 세월을 탓하느라 꽃 지는 길을 외면하고 서 있던가. 지는 날까지 열심히 벌들과 어울려 웃고 있지 않던가.

이제 나도 그 자리에 서서 사는 모습을 감추려 들지 않을 것이다. 깊이 패어가는 주름을 두고도 부끄러워 애써 감추려 하지도 않을 것이다.

늙는 일이 가끔은 서러워지면 가만 눈물도 흘려볼 일이다. 하지만 아직도 내 가슴 한쪽에 남아 밤을 못 견디게 하는 이 사랑 만큼은 그대로 간직해두고 싶다.

봄은 또 온단다

겨울이 왔다.

사철 푸르지 못하는 나무들은

옷을 벗었다.

사철 푸른 나무들이 함부로

옷을 벗은 나무들을 내려다보았다.

옷을 벗은 나무들은 부끄럽고 슬펐다.

그게 운명이라 말하기엔 더욱 아팠다.

봄을 기다려야 하는 잎눈에

눈이 오기도 전에 눈물이 맺혔다.

길 잃은 철새가 나뭇가지에 앉아 종일 울었다.

길만을 잃은 게 아니라

새끼들마저 잃어버린 어미 새였다.

헐벗은 눈으로 하늘을 보았다.

별들이 있었다.

사철 푸른 나무에게 불러주던 그대로

별들이,

벗은 나무에게도

길 잃은 철새에게도 자장가를 불러주었다.

내일은 오는 것이라고

다시 봄도 오는 것이라고

자장자장 고운 꿈 꾸어두라고.

옷을 벗은 나무는

화사한 꽃 꿈을 꾸며 잠이 들었다.

딸의 눈물

약을 드셔도

점점 길어지고 조금씩 강해지는 고통 때문에

아버지는 당신의 병을 의심하기 시작한다.

이제는 몹쓸 병명이라도 아시고 싶다 조르시지만

어떻게 당신의 병이 위중해서

사실 날이 열 달여밖에 남지 않았다고

말씀을 드릴 수 있단 말인가.

몰래 돌아서서 훔치는 눈물이

겨울보다 더 차갑다.

당신의 딸로 태어나 당신의 고통을 지켜봐야 하는

지금 이 시간들이 꿈이 아니란 것이 너무 아프다.

까치밥을 훔쳐 달아나는 까마귀를 두고 바라보는

하늘은 여전히 시리도록 눈부신데.

동백꽃 피었다

너는 거기서

나는 여기서

붉게 타들고만 있는 그리움을 두고

이 겨울

동백꽃은 피어나는 일인지도 몰라

또 한 해가 가고 마는

그 아픔까지도 담아.

겨울이다. 그런데 눈이 아닌 비가 종일 내린다.

잠시 눈이 아닌 비가 오는 아쉬움을 접고 겨울비를 맞으며 보고픈 마음 하나로 길을 나서는 사람들이 있다.

성산리를 벗어나 바닷가의 찻집에서 먼 길 와준 시인을 앞에 두고 들어본지 오래된 클래식 선율에 귀가 호강을 한다.

이번에 나온 다섯 번째 시집 순이에 서명을 해 건네주며 멀리서 찾아와 준 그 마음에 고마움을 함께 얹어 건넨다.

가끔 보러 오겠다는 지인들에게 이 핑계 저 핑계로 만남을 미루고는 했는데 이리 마주하면 그리 큰 어려움도 아닌 것을.

봄이 오면 이제 조그마한 사랑방이라도 마련해야겠다. 하여 먼 길 마다하지 않고 오시겠다는 손들을 맞아 반가운 담소라도 나누어야겠다.

봄이 기다려진다.

겨울비

붉은 단풍 잎 지던 날

잘 가라는 마지막 인사마저

들려주지 못 한 내 마음에

아픔으로 남아 있던 그 노래하나

이렇게 뒤늦게

비로 내리는 것인지도 몰라

철도 모른 채

밤새 비가 오던 날에는

아침이 더디게 왔다

사흘째 비가 내렸다.

겨울엔 눈이 제격이라고 비를 나무라던 내 마음이 그 많은 비가 눈이었다면 무슨 사단이 일어났을까 하는 생각에 머무르자 여간 다행이란 생각에 위로를 받는다.

이번 겨울은 유독 눈이 인색해 걸음이 서툰 할머니들도 눈을 기다린다. 추위가 없어서 다행이란 생각을 하면서도 역시 겨울은 겨울다워야 한다고 짧은 불평을 하기도 하신다.

나는 어떤가?

아직 철이 덜 든 나는 어떤가?

지난겨울의 눈사람 사진을 꺼내 들고 앉아 있는 나는 어떤가?

있어야 할 자리에는 있어야 하는 모양이다.

겨울허수아비

사내란 나이를 먹어가며

외로움과 친구가 되는 법

이 겨울바람의 한가운데 서서

나는 내 아버지의 외로움을

팔 벌려 받아들이고 있다.

젊은 날에는 그저 스쳐 지나가던

동백을 찾아 나선다.

한겨울을 붉게 물들이는 동백꽃이 아니라 한세월을 잘 견뎌내고 여물어 씨앗으로 남은 묵은 동백을 찾아 나선다.

마을 뒤 친구네 산소에 떨어져 있던 동백 씨앗을 보고 예전에 할머니가 머릿기름으로 사용하던 기억이 떠올라 검색을 해보고 요즘도 미용용으로 인기가 있다는 소리에 겨울바람에 거칠어질 마나님의 피부를 위해 욕심을 부려보는 것이다.

작은 나무에서도 많은 열매를 만나기도 하는데 유독 잘 자란 나무 밑에서는 동백 씨앗을 만날 수가 없었다. 사람들이 꽃을 화사하게 만드느라 개량의 옷을 입힌 까닭이다.

멀리서 제법 큰 나무를 보고 잔뜩 기대하고 열심히 오른 산비탈을 빈손으로 내려가면서 허탈한 마음이 든다. 열매를 찾지 못한 까닭만은 아닐 것이다. 잠시 그렇게 화사한 웃음을 짓고 다니는 속 빈 나 자신이 염려스러워 인지도 모른다. 하지만 욕심부리지 말자. 어디 그 화사한 꽃 하나 보기가 싶던가?

겨울 아침

그래 오늘은 거울 앞에 서보자.
지난 한 해
얼마나 허리가 굽었는지
얼마나 머리카락은 달아났는지
얼마나 눈은 짓물렀는지
또 내 가슴은 얼마나 아파했는지
.
.
.
그리고
그리고
내 홀로 사랑은 여전한지
숲에서 울던 바람처럼
나도 오늘은 거울 앞에 서서
고해성사라도 해보자.

바람 멈추자 아침 숲이 고요해진다.

며칠 동백을 찾아 헤매던 부산한 마음이 돌아와 책상 앞에 앉는다.

바쁘다는 것은 오로지 한곳만을 응시하며 나아가게 했었나 보다. 마음의 곳간이 휑하니 비어 있는 느낌이다.

이제 설도 며칠 남지 않았다. 설을 맞는 마음들이 또 한바탕 북새통을 이룰 것이다. 언제나 흔들림 없기를 바라는 마음은 또 어디론가 자신을 숨기고 덩달아 바빠질 것이다.

아침 숲의 고요를 보며 다시 마음 끝자락을 부여잡아본다.

이상한 겨울

겨울인데도 눈이 오지 않는다며

사람들은 하늘을 바라보았다.

사람들의 따가운 눈총에 아픈 하늘은

그게 다 너희의 탓이라 말하려 했지만

너무 매정한 말인 것 같아

안으로 삭이다 보니 또 아파

눈물을 흘리고 만다.

겨울인데도 숲에서는 표고버섯이

그 눈물을 받아 마시며 자랐다.

이제 겨울이 가고 봄이 오나보다고 말을 하는 마을 어르신들은 매년 그렇게 지겹도록 내리던 눈이 이 겨울에는 안 와주어서 섭섭한 표정이다.

나도 겨울에 응당 자리를 차지하고 나서야 할 눈이 안 와주어서 겨울을 이야기하는 일이 별로 신이 나지 못했다. 또 눈이 없는 겨울엔 사진을 찍을 일도 없어서 아침 글에 올려야 할 사진 기근에 시달리기도 했다.

그런 나를 위로라도 할 양으로 숲에서 버섯이 자라고 있었다. 버섯을 보는 반가움이 전혀 없는 것은 아니지만 그것이 숲의, 지구의, 몸이 아파 생기는 종기이기라도 한 듯 마음이 더 아파왔다.

안녕하신가 그대 사랑

변하겠지

세월이 가면

도솔암 마애불의 눈썹도

조금씩 닳아

그 미소마저 엷어지는 것을

그대가 다짐하던 사랑이라고

어디 세월 앞에

언제나 뜨겁기만 하겠어.

그래도 그대 사랑만은 여전하다고

우기고 싶은 그 마음이야

바위 속 마애불인들 모르시겠는가.

오늘도 그럭저럭 또 하루가 가네.

그림자, 그림자

밤길을 걷는다.

등 뒤의 달이 만들어준 그림자

두려워마라고 앞서 걷는다.

뒤로 따라오는 다른 그림자하나

누가 만든 것일까?

행여 외로워마라고 네가

그렇게 따라나선 것은 아닌지

멈춰 뒤돌아본다.

아이

상가 2층 건물에 있는

그 교회에는

이제 하나님이 안 계신다.

사람들하고만 계시는 일에

답답해하시는 것 같아

꽃도 보시고

새들의 노래도 들으시라고

아이 하나가 모시고 떠났다.

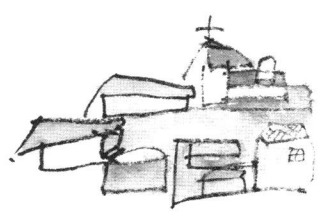

동지 밤

어디 외로움이란 것이

먼 동네 개 짖는 소리뿐이더냐

길고 긴 밤

저고리 앞섶에

한 땀 한 땀 수를 놓아가던

그 젊은 날 생각에

잠 못 이루시던 내 어머니도

밤보다 더 짙은 외로움에

속으로, 속으로만

울고 계셨으리라.

이 첨지

무슨 긴한 일이라도 생긴 듯

새벽에 깨어나

벽에 걸린 시계를 바라본다.

째깍거리며

한발 한발 옮겨가는 초침을 따라

숫자를 세기 시작한다.

시계의 일을 빼앗기라도 하려는 걸까?

오늘도 참 할 일없는 하루가 되려나 보다.

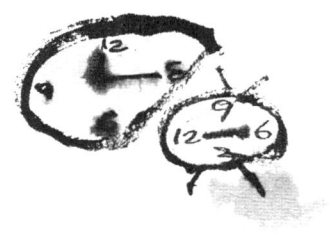

망각

어떤 날은
손에 든 핸드폰을 찾아
집안 곳곳을 뒤지고 다녔더라고
염려를 내놓는 경자이야기에
모두들 나서기 시작한다.

이제야 잊기 시작하는
그들이 부럽다.

나마저 잊고 살아온 지
여러 해인 것이기에
나는 이미
오늘마저 잃어버린 지
여러 날인 것이기에

망각의 늪에서 매일매일 보따리를 싸신다는 친구의 어머니 이야기를 듣다가 이제는 자신들의 망각증세에 대해 염려를 내놓기 시작한다.

코흘리개로 만났던 친구들이 여러 세월을 걸어 나온 모습들이 모여든다.

나도 나를 본다. 그들과 같이 어떤 날은 냄비를 태우기도 하고 냉장고 속에 엉뚱한 물건들을 들여놓기도 한다. 그러면서도 잘 살아가고 있으니 아직은 염려를 놓아두기로 한다.

정말로 잃어버리고 살아온 것은 나 자신이 아니었던가? 라고 묻는 풋풋한 청년 하나가 자꾸만 고개를 쳐들고 나를 향해 오고 있어서 그를 따돌릴 심산으로 요란하게 친구들 이야기에 맞장구를 치고 나선다.

언제나 나는 나를 찾아 나설 것인가?

아직도 길을 몰라

길이라고 여기고 예까지 왔는데

네 모습 보이지 않고

서릿발만 성성한 것이

길이 아니었구나.

언제나

언제나

너의 작은 마음이 드러나 보이는

햇살 가득한 길을 찾아

목을 젖히고 웃어볼거나

발아래로는

붉은 저녁놀이 들기 시작하는데

애당초 길이 존재하지 않았는지도 몰라 아니면 있다 해도 묻지 않고 그저 묵묵히 가야 하는 일이었는지도 몰라.

어리고 어렸던 날에는 정신이 앞서야 한다고 듣고 배웠지만, 지금은 정신보다 물질이 앞서야 한다고 가르치고 또 믿게 되는 것을 보면 길도 그렇게 바뀌고 있는 것이었는지도 몰라.

그런데 말이야 왜 모두 정신없이 좇아나서는 그 길이 낯설고 염려스럽기만 하지.

먹고 사는 것만큼이나 우리들의 정신 줄을 붙잡고 있는 일이 중요하다고 이르시던 고등학교 시절 윤리 선생님은 지금 어떤 길을 가고 계실까?

이제는 전설이 되어버린 호주의 참사람부족이라도 나서서 다시 내게 길을 알려주었으면 좋겠어.

떠나는 자리

설날 아침
세배를 마친 아이들이
서둘러 길을 떠난다.

가기 위해 온 길이라 하지만
아비라는 자리가 외롭기만 한지라
못내 서운함이
아이들이 떠난 자리로 남는다.

그렇게 나도 황망히
걸어왔던 길인 것을
쉽사리 돌아서지 못하고

손자를 앞에 두고도
늪을 건너오지 못하시는
어머니를 부르다 목이 메던
간밤 꿈에 젖고 만다.

한 살의 나이를 얹고 또 한해가 시작이다.

세배를 마친 아들 내외가 길이 막힐 것을 염려하며 서둘러 떠난다. 어느덧 자라 버젓한 어른이 된 아이들을 보내면서도 쉽게 눈길을 거두지 못하는 것은 내가 선 자리가 아비이기 때문이리라.

젊기 때문일까 언제나 웃음과 사랑을 달고 다니는 아이들을 보노라면 사랑도 없이 기쁨도 없이 보내버린 내 젊은 날이 아쉽기만 하다. 하지만 아비인지라 그것을 바라보는 것만으로도 행복하다.

한 살 더 나이를 더한 새해에는 더 많이 웃고 더 많이 웃어주기를 바라지만 세상 산다는 것이 그리 녹록하지 않기 때문에 조금 염려가 되는 것도 떠나는 아이들의 모습을 지켜보면서 쉽사리 감추지를 못한다.

천천히 사랑 하나만 가지고 살아가기를 바라는 아비의 마음이 애꿎게 세상 탓을 해본다.

그래, 또 한 번 웃음 반, 사랑 반으로 살아가 보자.

또 하루

더 이상의 사랑은 없을 거라고 입술을 깨물지만
어디 저 꽃들이 하루만 피고 말더냐.

일어나 다시 걸어보자.
너처럼 아픈 사랑에 우는 작은 새라도 만나면
함께 손잡고 또 다른 날들을 위해 걸어보자.

하여 사랑은 결코 너를 버리지 않았다는
저 바람의 이야기가 허튼소리가 아니었음을
우리 함께 기뻐해 보자.

설화가 피었습니다. 두 해 전 가을 지인에게서 입양해온 것입니다.

눈 내리는 겨울에 피기 때문에 설화라 부른다는 그 화분을 들여놓던 첫해 겨울, 나는 많이 기다렸습니다. 더할 나위 없이 아름답다는 꽃을. 그러나 갓 시집온 수줍음 때문인지 꽃을 보여주지 않고 하염없이 내리는 눈만을 보며 겨울을 보내고 말았습니다. 그리고 지난 여름의 폭염 아래서 잠시 보아주지 않던 사이 메말라 죽기 직전까지 다다르고 있는 것을 겨우 살려냈습니다.

그렇게 한고비를 넘기고 나더니 엉성한 몸매를 부끄러워하지도 않고 꽃을 피우기 시작했습니다. 잠시 아픔을 주었던 내 무관심에 부끄러워하는 나를 보며 그 시련이 꽃을 만든 것이니 너무 아파하지 말라고 이르며 방긋 웃으며 매일매일 꽃들을 늘려나가고 있습니다.

이 밤에도 꽃을 피우지 못해 잠 못 이루는 친구에게 봄이 오면 한 촉 분양해주어야 하겠습니다.

달과 아내

달이 밝다.
아내는 그런 달도 아랑곳하지 않고 잠이 들었다.
홀로 달과 노닐고 온 내 얼굴이 붉어진다.

아내도 꿈속에서나마 그 달을 볼까
가만 얼굴을 보지만
하루가 무겁기만 했는지
코 고는 소리만 요란하다.

창문을 열어 달이 들어서게 한다.
달 걸음 소리라도 들은 걸까
아내의 코 고는 소리가 멈춘다.

아내의 잠꼬대에 아이의 이름이 불리어진다.
아내의 달은 어쩌면
막 시집간 딸이었는지 모른다는 생각에
창문을 닫는다.

어머니의 사랑은 그렇게 무서운 것인가 보다.

생각보다 아내의 병원 생활이 길어진다.

입원하던 날을 생각한다. 조금 겁을 먹었던 표정. 그러면서도 아이들에게 알려서는 안 된다는 당부를 나에게 놓는 것을 잊지 않았다.

이제 겨우 예순을 넘었는데 아직 병원에 올 일이 많이 남아 있지 않겠냐는 것이다.

일흔이 되고 여든이 되어 병원에 입원했을 때 알려도 늦지 않다는 것이다. 행여 아이들에게 번거로움을 줄까 봐 쓰는 마음에 가만 웃어 주었지만, 마냥 웃음만은 아니었다.

아이들의 위로라도 받았으면 좋겠다는 나의 작은 생각이 부끄러워지기도 했다. 그래도 가족이란 서로 위로하며 살아가야 한다는 생각에 아내 몰래 아들에게 전화를 하고 만다.

쓰러져 웃다

걷다 지친 그대가
세상을 탓하고 있었을 뿐
세상은 단 한 순간도
그대에게 말조차 걸지 않았다.

오늘은 어제보다 더 나아지지 않았다고
또 바람만 드세다고
가던 길을 멈추고
험악하게 눈을 떠 세상일을 바라본다.

간밤 비바람에 뿌리가 흔들려
모로 누운 양귀비꽃들은
여직 아무 말도 없이 누운 채
햇살을 받아들이고 있다.

웃는다는 것은
행복하다는 것은
그렇게
모로 누워서도 가능한 일이었다.

간밤 비바람에 쓰러진 꽃들이 어지럽다. 아니 꽃들은 그냥 그대로 인데 보는 심사가 어지러운 것인지도 모른다.

마당의 잔디에 자리를 잡은 양귀비꽃들을 아내의 눈총을 이겨내며 꽃이 피어내기에 이르게 했는데 얼마 전 비바람에 쓰러져 눕고 말았다. 그 어지러운 모습들을 보고 아내가 쓰러진 것들을 뽑아버리라고 다시 나섰다.

쓰러져 피어도 꽃임이 분명한데 아니 더 붉어 보이는데 꿋꿋하게 서있지 않아 비루하다고 여기는 모양이다.

어느 때인가는 걷지 못하고 말하지 못하는 꽃들이 안쓰러워 가여운 눈으로 바라본 적이 있었다. 그러나 지금 생각해보면 꽃들은 부질없이 서둘러 길을 가고 또 필요 이상의 말을 해서 서로를 해하는 우리를 가여운 눈으로 보고 있었을지도 모른다는 생각이 든다.

쓰러져서도 자신의 처지를 불편해하지 않고 웃고 있는 마당의 꽃들을 보며 다시, 산다는 것 하나만으로도 충분히 웃을 일이라는 생각을 해본다.

옛날에는 말이다

젊은 날 항아리를 이고
오십 리 길을 걸어 행상에 나서던 이야기에,
돌아와 젖가슴을 내놓고 물을 끼얹던
동네 우물가의 그 비릿하던 등목 이야기에,
모깃불 연기에 쿨럭이며 멍석 위에 앉아
풋고추에 저녁을 먹으며
가끔은 별을 훔쳐보던 이야기에,
그 별들도 가끔은 곁에 앉아
함께 단 수숫대를 질겅거렸다는 이야기에,
외할머니를 찾아온 손자가
걸핏하면 옛날이라고 핀잔을 놓는다.
손자의 핀잔에
그건 우리들에게 이제는 오늘이 아니라
옛날만 존재하기 때문이라 말하는 할머니는
부디 이것을 허물로만 들어주지 말기를 당부하신다.

게장을 담근다.

태어나서 또 처음으로 해보는 일이다. 인터넷을 뒤져 레시피를 챙기고 그래도 미심쩍은 부분은 할머니들에게 물어보며 내심 멋진 맛으로 태어나길 바라며.

새로운 맛을 경험한다. 으레 간장 게장을 담그려면 알을 품은 게는 쓰지 않는 것으로 알았는데 알을 품은 게를 추리시더니 그 알의 맛이 일품이라고 일러주신다.

드디어 사흘을 지나서 맛을 탐하게 된다. 난생처음 맛보는 돌 게의 알 맛에 나도 몰래 미소를 짓게 된다. 처음에는 새로운 맛이라는 생각으로 그리고는 그 오묘한 맛에.

가끔은 인터넷을 뒤져가며 찾아내는 새로운 방법보다 오래되어 낡았다고 거들떠 보려 하지 않는 할머니들의 방법과 선택의 오묘함에 무릎을 치게 한다.

당분간 마을회관에는 잘 익은 게장 알에 밥 비비는 숟가락 소리가 노랫가락처럼 들릴 것이다.

나이 값

불쑥 나이를 물어오는 사람이 있다.
주저 없이 예순여섯이라 대답을 해주지만
나는 그 무게를 알지 못한다.

나이를 먹으면 나잇값을 해야 한다는데
도무지 그 무게를 가늠하지 못하니
애시 당초 값을 하기에는 틀렸다.

얼마를 더 살아보겠다고
나이의 무게마저 모른 체하며 살아가는 걸까
조금은 염려스럽지만
아직은 모른 체하고 싶다.

꽃에 취해 휘파람이나 불며
그렇게 머물러 있고 싶다.

초면의 아낙네가 불쑥 나이를 묻고 나서 나이보다 젊어 보인다는 말을 해온다. 드러내 말은 하지는 않지만 연신 웃고 있는 마음속 표정은 감출 수 없다.

젊어 보일 뿐이지 젊다는 것도 아닌데 왜 그리 좋아해야 하는 것일까?

어쩌면 내가 살아온 매 순간마다 나는 내가 가지고 있는 것들이 그렇게 멋들어져 보이게 되기를 바라며 위장을 하고 살아온 것인지도 모른다.

남에게 보여 지는 것이 나일까? 라는 반문 한 번도 없이 그렇게 억지 미소를 지으며 살아온 것인지도 모른다.

어디에 가면 예순여섯에 딱 어울리는 나를 만날까?

어머니의 감나무

내 어머니 마흔일곱에
청산이 되신 후부터
뒤뜰의 감나무엔 언제나 까치가 북적였어.

길고 긴 겨울을 잎도 없이 견뎌야 하는
그 외로움을
까치라도 불러들여 견뎌보라고
내 어머니 많은 감들을 남겨두신 때문이었어.

까치밥이라는 것이
까치를 위해 남겨지는 것이 아니라
감나무의 외로움을 달래기 위해
남겨진 것이란 것을 알았을 때.

감나무를 바라보시는 어머니를 보며
나는 어머니에게
어떤 감으로 남겨질 것인지
숙연해지기 시작했어.

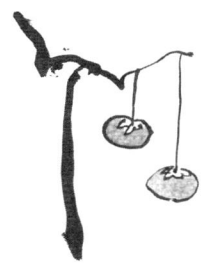

가끔은, 아주 가끔은 외로움이라는 것을 느끼고는 해. 하지만 내가 지금 느끼는 이 외로움을 외로움이라 말하기에는 우리 어머니가 느꼈던 그 외로움에 비하면 턱없는 것이라는 것을 알기에 밖으로 내어 보이질 못해.

어디 감나무만 외로워 보이셨을까? 북녘 하늘로 날아가는 기러기를 보면 또 얼마나 마음이 아프셨을까?

어느 공방 앞에 세워둔 기러기 솟대를 보고, 나는 겨울 그 하늘이 너무 슬퍼 보였어. 아니 그 하늘을 날지 못하는 나무오리들이 너무 아파 보였어. 아니 그건 다 핑계에 지나지 않아, 나는 겨울 하늘이 들려주는 어머니의 그 슬프기만 했던 노랫가락에 눈물을 감추고 있었어.

순이야 술 한잔하자

겨울이 오면 내 손에는
크고 작은 흉터들이 남는다.
어쩌다 나무꾼의 운명을 타고난 까닭이다.
그렇다고 나의 흉터를 두고 아파하지는 마라.
난 너의 가슴에 남는 흉터로
더 아파하고 있나니.

겨울인데도
하늘에 눈 한번 맞추지 못하고
서둘러 뒷골목으로 들어서던
너의 영혼을 가여워하고 있나니
상처 난 손을 두고
함부로 나를 아파해 하지 마라.

이렇게 눈 내리는 날
아궁이에 피어나는 불꽃을 바라보며
순이야.
나의 상처가 아닌
너의 아픈 가슴을 두고
술 한잔하고 싶구나.

또 그렇게 한 해가 가려고 12월의 앞에 서서 두 손을 모으고 있다.

벽에 걸린 시계를 한참을 쳐다보다 빙그레 웃고 만다. 그놈 참 무심하기 짝이 없는 까닭이다.

순이 네가 그렇게 떠나고 나서도 뒤 한번 돌아보지 않듯 시계도 뒤 한번 돌아보지 않고 앞으로만 죽장 가고 있더구나.

산다는 것이 조금은 허망해지기도 한순간이다. 그렇다고 이제 조금 남은 시간을 그렇게 시계나 바라보고 앉아 있을 수는 없는 일. 일어나 다시 너를 찾아 떠난다. 아직 어둠뿐인 밖으로.

순이야.

아직은 고향의 그 낮은 언덕 위에 피던 우리들의 웃음꽃을 기억하고 있겠지.

빈소에서

하루쯤은 그대만을 생각해도 좋으리라
비록 어설프게 남긴 자국이지만
그대 애쓰던 모습만을 기억하기로 한다.

어느 날은 나 그리고
우리 모두 그렇게 떠나고 말 것을
지금은 살아 있다고
그대 앞에 향불을 피우고
술잔을 올리고
이런 우리를 지켜보며
그대 그 영정사진 안에서 웃지도 못하고
애써 침묵하는 모습을 본다.

우정을 맹세하며 함께 바라보던
바다 건너 이야기는
이제 어떻게 감당해내야 할지
술잔을 앞에 두고 눈을 감고 만다.

허망한 줄을 몰랐던 것은 아니지만 불의의 사고로 갑작스레 떠나버리고 만 주검 앞에서는 당황스럽기까지 하다.

절을 마치고 영정 사진을 바라보다 끝내 안으로 흐르는 눈물을 어쩌지 못한다.

그 허망을 이기려고 얼마나 몸부림들을 쳐야 했던가?

함께 떠돌던 그 시간들을 두고 이제는 영영 이별을 고하며 돌아서야만 한다는 사실이 믿어지지 않는다. 사는 동안 그래도 웃으며 씩씩하게 살아가던 생전의 모습만을 저장하며 이제 더 이상 슬퍼하거나 우울해하지 않기로 한다.

대신 친구여 잘 가시라는 말씀드린다.

거울 속

한때는 푸르렀던 저 사람

늙어가는 법을 몰라,

버리고 사는 법을 몰라,

아직도 세상일에 갇혀

붉으락푸르락.

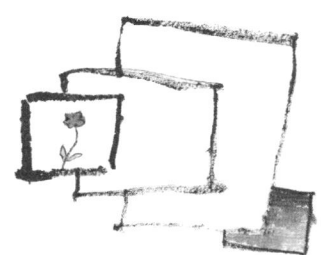

아직도 세상일에 열심인 그대를 염려했다. 바빠야만 산다고 바쁘게 일을 찾아 나선 그대를 두고 잠깐씩 연민을 느끼기도 했었다.

어느 아침 거울 앞에선 나를 보고 나 역시 아직도 세상일을 좇느라 늙는 일마저 게을리하고 있었단 생각이 들어 화들짝 놀라게 된다.

이제는 가만 바라보고 웃어도 좋을 세상일을 두고 가슴 아파하는 내가 거기 아직도 푸르른 양 있었다.

이제는 버려도 좋을 온갖 잡동사니를 안고 거기 있었다.

내게 인사하기

설을 보내고 나서

몸이 아프기 시작했다.

지난 한 해 동안 묵묵히 따라온 몸에게

고맙다는 새해 인사를 빠뜨린 탓만 같아

황급히 거울 앞에 서서 나를 본다.

늦었지만 가벼운 묵례로 예를 표해본다.

'고맙다. 함께 해주어서'

이윽고 마당에 꽃이 피기 시작했다.

설 선물을 매우 매서운 놈으로 받았습니다.

며칠째 감기란 놈과 씨름을 하고 있습니다.

처음 이삼일은 그냥 맥을 놓고 끙끙 앓기만 하다가 가만 보니 이 녀석을 한번 들여다보는 것도 괜찮겠다 싶어 마주하기 시작했습니다.

녀석의 쉬어가라는 요구를 묵살하고 이곳저곳을 기웃거리며 일감을 만들어보았습니다. 조금 몸이 이겨내는 것 같아 '짜식' 하고 웃어주었죠.

아니었습니다. 녀석이 순순히 물러나 주지 않고 반격을 해왔습니다, 어제는 두통과 구토를 데리고 나를 협박하였습니다. 손을 들고 다시 병원에 다녀와야 했습니다.

감기 싸울 것이 아니라 쉬어가라는 소리에 귀 기울여야 한다는 가르침을 수용하기에 몇 날을 허비했습니다.

"쉬어가세요"

눈사람이 된 석환씨

눈이 쌓이기를 고대하던 마당에

달빛이 내려앉았다.

꼭 눈이어야만 하는 것은 아니라고

달빛 속으로 들어선 당신은

눈사람의 흉내를 내며

홀로 달빛 속에 서 있었다.

서툰 걸음이었지만

당신이 지나온 길마다에

남겨둔 그림자 위로

하얀 복사꽃이 피기 시작했다.

마흔에 중풍을 얻어 여든일곱이 되는 해에 그 비틀거리던 생을 마감하고 효종 아버지가 홀연히 이 세상을 떠났습니다.

이웃들은 참으로 잘 가셨다고 말하지만, 막내딸은 섧기만 합니다. 또 효종 어머니는 지아비가 겪어야 했던 그 긴 고통이 안타까워 또 눈물을 훔치고 맙니다.

힘든 길이었지만 끝까지 웃으려 애쓰시던 고인의 빈소에 가만 미소 하나를 얹고 나오는 길 산다는 것이 무엇이지 하는 물음이 화두처럼 겨울 속에 차갑게 놓입니다.

조화들이 늘어선 빈소의 복도를 걸어 나오며 특별한 답이 없는 것이 우리네 삶의 모습이란 생각도 해봅니다.

떠나고 난 자리에 이러쿵저러쿵 말이 남더라도 살아생전에는 나름의 방법으로 모두 열심히 살았으리란 생각도 해봅니다.

이제 이 겨울도 곧 끝 나리라며 햇살 하나 문밖에서 기다리고 있었습니다.

비 그치자 달이 보였다.

그대 아직도

달을 찾는 중이라면

우선 우는 것을 멈추라.

달은 그 자리 그대로인데

그대 눈 가득 고인 눈물이

달을 감추고 있는 까닭이다.

간밤에도 꿈을 꾸다 깨어났다.

어떤 날은 하늘을 신나게 날기도 하지만 간밤에는 젊은 날의 어느 시점에서 조금은 분하고 조금은 슬퍼서 눈물을 흘리다 깨어났다.

꿈 또한 하나의 삶이기에 꿈속에서도 밝게 웃고 있고 싶었지만 이미 수십 년 전 지나버린 일들로 얼룩지고 만 꿈에서 깨어나면 아직도 내 몸 어딘가에 미움이 머무르고 있음을 보게 된다.

산 절로 물 절로 그 안에 나도 절로 생겨난 몸이라는데 왜 이리 세상을 가볍게 걸어가지 못하고 아직도 그 미망에서 헤매고 있는 것일까?

이젠 그 꿈마저 벗어 두고 길을 가야 할 일인가보다.

징검다리

그대는 거기 있다.
나는 여기 있다.
그리고 우리의 사이에 강이 있다.
때로는 너무 멀리 있다고
그 강물을 두려워하기도 했지만
우리가 멀리 떨어져 있는 만큼
그 사이에 놓을 수 있는 사랑은
더 많아질 것이니
이제 우리
성큼성큼 돌을 놓을 일이다.
우리의 사랑이 두려움에 젖는 일 없이
건너게 될
징검다리를 놓을 일이다.

코로나 19로 인해 모두 힘들어한다.

더 확산되지 않기를 바라는 마음이 뉴스를 접하는 시간이면 조마조마해진다.

코로나 19를 놓고도 정치권은 여전히 시끄럽다. 또 탓을 하기도 한다. 이 엄중한 시기에 누구의 탓을 하기 전에 모두 한 마음으로 대응하여 하루 속히 이 긴 어둠에서 벗어나기를 바래본다.

이런 불미한 사태 앞에서는 서로 지혜를 모으고 서로 다독이며 나가는 모습을 보여주는 것이 사람으로서 할 일이란 생각을 나만 하는 것일까?

어려울수록 서로 도와가며 살아가야 한다는 것을 나만 어렸을 적에 배운 것일까?

아비의 불

아들이 온다는 소리에

황급히 불을 지피기 시작한다.

객지 생활에 지친

아들의 몸을 녹여주려는 처사라기보다는

돌아가는 길

차가웠던 아비의 구들장 생각에

뒤돌아보며 훔쳐낼

아들의 눈물이 염려스러워서이다.

눈은 오지 말아야 할 텐데.

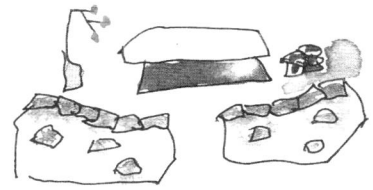

내 늘그막에는

여전히 속은 비었고

바람기 또한 여전해

이곳저곳 기웃거리다가

예쁜 꽃이라도 만나면

해지는 줄 모르고 마주 보다

붉어지는 황혼에

화들짝 놀래보다가는

이내 잠잠해지고 마는

그렇게 가는 길이었으면 좋겠다.

봄비에 죽비 날아드네

붙잡아도

붙잡아도

달아나고 마는,

그러다 꺼칠하게 타다만

숯 한 덩이로 길을 막아서는,

천년을 산다 한들

달라질 일도 없는,

바람이나 탓하며

오늘도 골방으로 숨어드는,

너는 그것을 보았느냐?

보았다면 무엇이라 부르더냐?

할!!!

닫는 글

어머니

윤사월 뻐꾸기 울던 날

당신이 겪어야 했던 이별은 어떠했나요?

잠시의 인연으로도

붉은 꽃 하나 가슴에 남아 이리 아픈데

그 오랜 세월을 남겨두고

떠나야만 하는 그 사람을

당신은 용서하셨던가요?

윤사월에는

오는 비 놓아두고

저리 슬피 우는 뻐꾸기가 있어

피멍 든다는 당신의 그 말씀이

용서였던가요.

그저 나는 내 이별의 아픔으로

강을 바라볼 뿐입니다.

이별은 어느 한순간의 일이 아니라

두고두고 겪어내야 하는 일이어서

오는 봄마다 겪어야 했던

붉은 꽃들의 눈물과

그 눈물로도 지워지지 않는

저 모래언덕 같은…

나는 그저 맥없이 바라보던 강 위로

물수제비를 뜨다가

이것이 꿈이기를 바라지만

뻐꾸기 우는 소리는

윤사월을 따라

강물을 따라 내게 이르고

어머니

나는 어찌해야 할까요?

이 이별을.

성산리에는
시와 행복이 있다
그 여섯 번째 이야기
지금 어디

초판인쇄	2020년 10월 12일
초판발행	2020년 10월 17일
글·그림	이형복
펴 낸 이	이병주
편 집 인	이남우
편집디자인	성수양
펴 낸 곳	행복나무 (주)베스트교육
주 소	서울시 중구 수표로12길8 (저동2가 47-3, 정양빌딩 3층)
전 화	02-2277-6610
E-mail	nwlee01@naver.com

저작권자의 동의 없이 내용의 일부를
인용하거나 발췌하는 것을 금합니다.